现代企业合规管理与风险防控

金 泽 著

图书在版编目（CIP）数据

现代企业合规管理与风险防控 / 金泽著． -- 哈尔滨：哈尔滨出版社，2024.1
ISBN 978-7-5484-7293-3

Ⅰ．①现… Ⅱ．①金… Ⅲ．①企业管理 - 研究 Ⅳ．① F272

中国国家版本馆 CIP 数据核字 (2023) 第 100270 号

书　　名：	现代企业合规管理与风险防控

XIANDAI QIYE HEGUI GUANLI YU FENGXIAN FANGKONG

作　　者：金　泽　著
责任编辑：韩伟锋
封面设计：张　华
出版发行：哈尔滨出版社（Harbin Publishing House）
社　　址：哈尔滨市香坊区泰山路 82-9 号　邮编：150090
经　　销：全国新华书店
印　　刷：廊坊市广阳区九洲印刷厂
网　　址：www.hrbcbs.com
E - mail：hrbcbs@yeah.net
编辑版权热线：（0451）87900271　87900272
开　　本：787mm×1092mm　1/16　印张：11.25　字数：250 千字
版　　次：2024 年 1 月第 1 版
印　　次：2024 年 1 月第 1 次印刷
书　　号：ISBN 978-7-5484-7293-3
定　　价：76.00 元

凡购本社图书发现印装错误，请与本社印制部联系调换。
服务热线：（0451）87900279

前　言

所谓合规管理，是指中央企业及其员工的经营管理行为符合法律法规、监管规定、行业准则和企业章程、规章制度以及国际条约、规则等要求。

随着国内外监管要求的日益提高，中国企业面临着日益严峻的合规风险，同时也面临着强化合规管理的新契机。违法违规的行为给企业带来的不仅是经济伤害，更给企业的品牌、名誉造成难以估量的损失。只有全面建设企业合规管理体系、强化合规经营，方可保障企业的可持续发展。当前，全面依法治国，建设法治国企对企业合规管理工作提出了更高要求，企业合规管理工作任重而道远。企业合规体系的建设，有利于全国企业的合规体系建设的展开，中国企业合规体系建设，将助推企业管理和公司治理迈上新台阶，也是中国企业走向国际市场的必由之路。随着社会的发展和科技的进步，企业生产效率会进一步提高，如果在企业高效率的运转过程中，存在的风险没有被及时发现解决，风险形成的危害就会快速扩散，最终就会损害企业利益，使企业受到重创，因此应加强风险防控。

为了提升本书的学术性与严谨性，在撰写过程中，笔者参阅了大量的文献资料，引用了诸多专家学者的研究成果，因篇幅有限，不能一一列举，在此一并表示最诚挚的感谢。由于时间仓促，加之笔者水平有限，其中难免有不足的地方，希望各位读者不吝赐教，提出宝贵的意见，以便笔者在今后的学习中加以改进。

目 录

第一章 合规的起源、发展与演变 ·· 1
 第一节 合规的内涵 ·· 1
 第二节 合规在美国的起源与初步发展 ···································· 16
 第三节 合规在美国的成形与完善 ··· 18
 第四节 美国合规体系的全球化 ··· 22
 第五节 合规在中国的发展 ·· 27

第二章 合规管理制度建设 ·· 34
 第一节 企业合规管理制度概述 ··· 34
 第二节 合规管理制度的框架 ·· 35
 第三节 合规管理制度的内容 ·· 38
 第四节 企业合规管理的体系建设 ··· 45

第三章 合规管理保障机制 ·· 48
 第一节 合规管理保障机制概述 ··· 48
 第二节 合规文化的构建机制 ·· 51
 第三节 合规培训机制 ··· 55
 第四节 合规考核机制 ··· 58
 第五节 合规举报机制 ··· 61
 第六节 商业合作伙伴管理机制 ··· 64

第四章 企业风险的识别和分析 ·· 68
 第一节 风险识别的概念 ··· 68
 第二节 风险识别流程 ··· 72
 第三节 风险识别方法 ··· 74

第五章 企业风险控制的理论与方法 ·················· 83
第一节 风险控制的基本方法 ·················· 83
第二节 多米诺骨牌理论及其应用 ·················· 86
第三节 其他损失控制理论及其应用 ·················· 89
第四节 损失控制的成本—效益分析 ·················· 92

第六章 风险管理过程中的内部控制 ·················· 95
第一节 内部控制的发展历史 ·················· 95
第二节 内部控制的目标和原则 ·················· 97
第三节 内部控制的架构和类型 ·················· 103
第四节 内部控制的内容 ·················· 108
第五节 内部控制的特点和固有局限性 ·················· 114
第六节 改善内部控制的关键：强化公司治理 ·················· 116

第七章 企业财务风险控制 ·················· 120
第一节 企业财务风险控制问题 ·················· 120
第二节 我国企业财务风险控制研究 ·················· 122
第三节 互联网企业财务风险控制研究 ·················· 127
第四节 企业财务风险的控制与防范 ·················· 130
第五节 纳税筹划中的企业财务风险控制 ·················· 133
第六节 中外合资企业财务风险控制 ·················· 136

第八章 风险管理决策 ·················· 140
第一节 风险管理决策的基本要素和过程 ·················· 140
第二节 风险管理决策准则 ·················· 142
第三节 风险管理决策的现金流量分析方法 ·················· 144

第九章 企业财务风险管理 ·················· 146
第一节 国有企业财务风险管理 ·················· 146
第二节 轨道交通企业财务风险的管理 ·················· 148
第三节 房地产企业财务风险管理 ·················· 151

第四节　建筑施工企业财务风险管理研究 ·················· 154
第五节　如何加强石油企业财务风险管理 ···················· 156
第六节　客运企业的财务风险及管理 ·························· 159
第七节　出版企业财务风险管理 ·································· 162
第八节　天然气行业企业财务风险管理 ······················ 165

参考文献 ··· 169

第一章 合规的起源、发展与演变

第一节 合规的内涵

一、合规的内涵与外延

讨论企业合规的相关问题，首先需要明确合规的内涵与外延。由于国内语境下所称合规主要指企业合规，加之为表述方便，因而本书范围内的"合规"专指"企业合规"。

2018年11月2日，国资委发布《中央企业合规管理指引（试行）》，其中第2条规定，本指引所称合规，是指中央企业及其员工的经营管理行为符合法律法规、监管规定、行业准则和企业章程、规章制度以及国际条约、规则等要求。2018年12月26日，发改委等七部门联合发布了《企业境外经营合规管理指引》，其中第3条规定，本指引所称合规，是指企业及其员工的经营管理行为符合有关法律法规、国际条约、监管规定、行业准则、商业惯例、道德规范和企业依法制定的章程及规章制度等的要求。华东师范大学企业合规研究中心编写的《企业合规讲义》称，企业合规是指企业行为符合法律法规及其内部规章制度和商业道德的要求。胡国辉教授在《企业合规概论》一书中认为，企业合规是指企业的运营遵守相关的法律、法规、准则和规范。合规是管理科学，既是一个目标，也是一个完整的体系，更是一个持续的过程。胡国辉教授在讲座中进一步明确，合规要综合考虑法律、法规、强制性规定、自愿性标准、行业规范、合同义务、企业内部制度以及道德规范。

Nitish Singh 博士和 Thomas J.Bussen 在《合规管理》一书中认为，合规意味着遵守规则、法律、标准和政策，也隐含了遵守相关行为准则的责任感和义务。从偏向法律的角度讲，公司合规指设计包括政策、程序、控制和行为在内的一整套正式的内部系统，以发现和预防违反法律法规、规则、标准和政策的情况。Martin T.Biegelman 在《建立世界级的合规体系》一书中认为，合规是一种符合既定指南、规范或者法律的状态。综合分析国内外对合规概念的论述，笔者认为，认识合规的内涵与外延，需要回答两方面问题：一是谁要合规？即合规义务主体问题。二是合哪些规？即合规义务来源问题。

（一）合规义务主体

一般认为，合规的义务主体包括企业及其员工。笔者认为，合规的义务主体可以细化为三类：一是企业本身；二是直接控制或者参与企业决策、经营、管理的主体，包括股东、管理层、经理层、普通员工等，甚至还包括实际控制人；三是与企业经营管理发生联系，从而影响企业本身合规成效的外部主体，主要指客户、供应商、经销商、承包商、中间商等业务伙伴。

企业是合规的当然主体，大量的法律法规直接以企业本身作为规制对象。2012年12月28日修订的《中华人民共和国劳动合同法》第2条规定，中华人民共和国境内的企业、个体经济组织、民办非企业单位等组织与劳动者建立劳动关系，订立、履行、变更、解除或者终止劳动合同，适用本法。2014年4月24日修订的《中华人民共和国环境保护法》第6条规定，企业事业单位和其他生产经营者应当防止、减少环境污染和生态破坏，对所造成的损害依法承担责任。类似的规范性文件很多，不再赘述。

值得注意的是，作为合规义务主体的企业，既应当包括央企、其他国企和外企，也应当包括广大民企。总体而言，国内的外企在合规体系建设方面相对于国企和民企更为完善。近年来，由于国内企业尤其是央企海外经营的合规压力不断加大，国资委于2016年选定了中石油、中国移动、招商局集团、中铁和东方电气五家央企开展合规体系建设的试点工作。在总结上述央企试点经验的基础上，国资委于2018年11月2日发布了《中央企业合规管理指引（试行）》。虽然上述指引仅针对央企，但这并不意味着民企可以忽视合规体系建设。首先，在我国社会主义市场经济体制下，各种所有制性质的企业都以平等民事主体的身份参与市场竞争，市场主体在选择商业伙伴时不会对民企放低要求。无论是国企、外企还是民企，都要严格遵守《民法总则》《合同法》《劳动合同法》《环境保护法》等法律法规，违反法律法规都要承担相应的法律责任。其次，我国民企的种类和数量比较丰富，很多民企在合规体系建设方面不尽完善，面临的合规调查和执法压力甚至大于央企和外企。而且，国家尚未为民企制定专门的合规指引，加之民企的实际情况各不相同，这就决定了民企需要根据自身需求摸索建设合规体系，具有很大的挑战性。因此，民企更要加强合规体系建设，增强自身软实力，这样才能在市场竞争中立足。

而企业作为组织，本身无法从事具体行为，必须通过管理层、普通员工等自然人来执行企业意志。上述执行企业意志的个人行为所导致的法律后果，往往由企业直接承担，在很多情况下，上述个人还必须与企业共同承担违规责任。因此，企业合规必须落实到执行企业意志的个人身上。关于这一点，比较直观的体现是刑法、行政法上的"两罚制"，以及民商事领域的职务行为、表见代表、表见代理等制度。2017年11月4日修改后的《中华人民共和国刑法》第31条规定，单位犯罪的，对单位判处罚金，并对其直接负责的主管人员和其他直接责任人员判处刑罚。原国家工商行政管理局于1996年11月15日颁布的《关于禁止商业贿赂行为的暂行规定》第3条规定，经营者的职工采用商业贿赂手段为经营者销售或者购买商品的行为，应当认定为经营者的行为。而在民商事领域，员工执行企业意志行为的法律后果，同样往往由企业直接承担。2017年3月15日颁布的《中华人民共和国民法总则》第61条规定，法定代表人以法人名义从事的民事活动，其法律后果由法人承受。第62条又规定，法定代表人因执行职务造成他人损害的，由法人承担民事责任。第170条还规定，执行法人或者非法人组织工作任务的人员，就其职权范围内的事项，以法人或者非法人组织的名义实施民事法律行为，对法人或者非法人组织发生效力。

企业合规必须落实到个人合规还体现在，企业通过消化吸收法律法规等外部性规范，根据企业的具体需求和实际情况制定企业内部管理制度，为企业管理层和普通员工设定行为指引和红线。从针对管理层的公司章程、股东大会议事规则、董事会议事规则、监事会议事规则、总经理办公制度等，到某个业务板块的行为指引，再到普通员工的行为准则，合规体系完善的企业能够为控制、参与企业决策、经营、管理的每一主体定岗定责，明确其合规义务和违规责任。九层之台，起于累土。通过微观层面每一名员工行为的合规，实现中观层面企业每一业务板块和管理部门的合规，宏观层面整个企业才能达到合规状态。

随着现代行业分工的细化和专业化，大多数企业都逐渐成为产业链中的某个环节，与上下游企业紧密联系、同生共存。如果与某家企业开展业务合作的上下游企业合规体系不完善，那么势必会对该企业本身的合规管理构成挑战，企业在不理想的合规大环境中难以独善其身。因此，将合规体系建设严格限定在企业内部，无法达到预期的合规效果，企业必须将合规管理延伸至上下游的业务伙伴，为自身创造良好的外部合规环境。实际上，国内外合规体系较为完善的企业都重视对其业务伙伴的合规管理。

从国外来看，以德国巴斯夫股份公司为例，其依据《商业伙伴尽职调查指南》，对商业伙伴进行问卷调查，并利用互联网工具对问卷调查结果进行分析，并根据分析结果决定是否与商业伙伴维持业务关系。巴斯夫曾因商业伙伴尽调结果不理想而终止与其的业务关系，也曾因尽调对象不配合尽调而拒绝与其建立业务关系。此外，巴斯夫还制定内容涵盖环境保护、劳动用工、反腐败等多领域的全球供应商行为准则，以此约束其在全球范围内的供应商。2016年国资委选定中国移动、东方电气等五家央企作为合规体系建设试点企业，上述央企在全面合规体系建设过程中对标国际，同样重视对商业伙伴的合规管理。例如，中国移动通信集团有限公司通过尽职调查、资质审核、履约把控、后评估、合规承诺等方式，加强对商业伙伴诚信合规情况的监督审查，传导中国移动合规要求，共建诚信合规商业环境。另一家试点央企中国东方电气集团有限公司则进一步完善和优化商业伙伴寻源、评审、管理流程，只选择具有相应资质和良好商业信誉的商业合作伙伴；同时要求对外交往活动和业务往来遵守法律法规和公司管理制度的规定，拒绝一切可能损害公司利益和影响公司声誉的行为。因此，除了企业及其员工，业务伙伴作为能够对企业本身合规成效产生重要影响的主体，同样应当被纳入企业合规体系建设中，成为重要的合规义务主体。

（二）合规义务来源

合规义务的来源是关于所合之规的范畴。综合国内外实务界和学界对合规义务来源的论述，我们可以对其进行最大范围的列举：法律法规、国际条约、行业标准与准则、商业惯例、党纪党规、企业规章制度、伦理道德与职业操守等。

虽然种类繁多，但在我们的合规体系建设实务中，所合之规主要还是法律法规和企业规章制度，因为这两类规范比较明确具体，有强制约束力和相应的责任后果，是合规的重点。企业内部规范是外部规范在企业内部的投射和反映，大量基础性和核心的企业内部规范必须符合外部规范，或者来源于外部规范的授权。典型的如公司章程、股东大会议事规则等，都是根据《公司法》《上市公司股东大会规则》等制定的；再如公司制定劳动用工制度必然要符合《劳动法》《劳动合同法》等的要求。企业合规，必须将遵守外部规范和内部规范相结合。

除了法律法规和企业规章制度外，某些国际组织或者行业协会，如世界银行集团（WBG）、国际检测认证理事会（TIC）等，不仅制定有针对特定主体或者成员的明确的合规指南，而且控制丰富的项目资源为其制裁手段提供支持，只有符合这些组织的合规标准，才能成为该组织的成员、获得相应的投标资质等，而违反这些组织的合规要求，则可能遭到该组织制裁，被剥夺参与某些国际项目的机会。因此，特定行业的企业往往还需要遵循相关国际和行业组织的合规标准和要求。

在上述合规义务来源中，有两类争议较大，值得重点探讨。一类是党纪党规，另一类是伦理道德与职业操守。国资委于2018年7月出台的《中央企业合规管理指引（试行）》（征求意见稿）第3条将合规定义为：中央企业及其员工对各项工作中所有适用规范的普遍遵循，主要包括法律法规、党内法规、监管要求、商业惯例、行业准则、道德规范等外部合规要求和企业内部规章制度。而2018年11月2日正式颁布的《中央企业合规管理指引（试行）》第2条，则删除了其中的"党内法规"和"道德规范"。首先，相比征求意见稿，《中央企业合规管理指引（试行）》不再保留"党内法规"，从而能够更好地与国际优秀合规实践和通行合规管理体系接轨。其次，由于"道德规范"界限相对模糊，《中央企业合规管理指引（试行）》也未予以保留，从而增强了《中央企业合规管理指引（试行）》的可操作性。

下面首先分析"党内法规"是不是企业合规义务的来源。以央企为例，虽然《中央企业合规管理指引（试行）》最终没有保留"党内法规"，但不可否认的是，我国目前央企的领导体制和实际情况决定了其合规体系建设过程中不可能绕开党内法规。央企高级管理人员一般都兼任该企业党组织领导成员；央企中一般设有党群工作部和纪检监察部，承担着巡视监督、组织工会甚至对外捐赠的相关的工作任务；此外，就我们服务过的央企来看，央企中存在不少成文的党纪党规，全面覆盖了党组织成员选任、理论学习、议事规则、巡视工作等方方面面。目前国内进行全面合规体系建设的排头兵主要是央企，央企中存在着大量党纪党规及其执行机构和人员，而且党纪党规在央企治理过程中客观上也发挥着巡视反腐、宣传教育、组织协调等作用，如果在构建合规体系的过程中完全绕开党纪党规，既是对现实的不尊重，也是资源的浪费，还有可能降低企业及员工对党纪党规的重视程度，加大违反党纪党规遭受处分的风险。事实上，我们在为央企提供全面合规体系建设服务的过程中，也一直将遵守党纪党规作为合规体系建设的一部分，而且取得了比较好的效果。

因此，虽然国外企业没有将党纪党规作为合规义务来源，《中央企业合规管理指引（试行）》也没有将党纪党规正式列入合规渊源，但是国内企业尤其是央企在合规体系建设过程中，却不能回避现实，而是要承认、研究和认清现状，厘清党群纪检部门和其他部门、法律法规和党纪党规的关系，从自身的实际情况出发，将党纪党规合理纳入合规义务来源，发挥其在企业经营管理中应有的作用。

另一项比较富有争议的合规义务来源是伦理道德和职业操守。Martin T.Biegelman 在《建立世界级的合规体系》中指出，知晓并理解法律只是合规的第一步，真正的合规比这更深入全面。优秀的合规体系是一种成功的融合：既重视对法律、法规和规则的遵守，又强调伦理道德，从而形成和维持基于价值观和责任感的合规文化，并一直做正确的事情。在 Martin 看来，伦理道德和职业操守是合规非常重要的义务来源。Nitish Singh 博士和 Thomas J.Bussen 在《合规管理》一书中认为，道德操守是公司合规体系和行为准则的基石。而值得注意的是，国家发改委、中国人民银行等七部门联合印发的《企业境外经营合规管理指引》将道德规范列入合规义务来源，而国资委发布的《中央企业合规管理指引（试行）》则没有将道德规范纳入。

在美国，合规到底是基于法律规则还是道德规范的争论直到 20 世纪 80 年代才告一段落，合规最终被认为是守法性和合道德性的统一。在日本，合规被称为"守法经营"，其中的"法"不仅仅指法律，它包括遵守法律法规、公司内部规定和诚信在内的社会道德准则。然而，我们在为企业提供全面合规体系建设服务的过程中，企业一般不会强调构建符合道德的合规体系，我们一般也没有直接以符合道德操守作为企业的合规大方向。笔者认为，伦理道德规范和职业操守属于广义上企业所需要合的"规"，可以从以下三个方面来理解其与企业合规的关系：

第一，法律法规和内部制度是企业合规的直接规范依据，道德规范和职业操守则是企业合规的间接规范依据。企业所要遵循的各项外部法律和内部管理制度，都可以进行相应的伦理分析。事实上，在遵守法律的过程中，企业也在某种程度上满足了最基本的道德规范和职业操守的要求。例如，强调企业遵守合同法，及时全面履行合同项下的义务，其实就是在要求企业践行诚实信用这一基本道德律令。

第二，法律是最低限度的道德，而追求遵守道德规范和职业操守则是高水平合规体系的要求。取法乎上，得乎其中，由于道德操守对企业和员工的要求比法律的要高，因而如果企业有良好的合规风气，那么员工会时时刻刻主动自觉遵守外部法律制度和内部管理规范，甚至在法律知识不足的情况下，他们凭借道德感和责任心也可以避免相当一部分违规受罚的风险。

第三，企业合规所要遵守的道德规范具有多元性，但诚信经营是核心。道德规范受所在地政治清廉程度、经济发展阶段、社会结构稳定程度、社会矛盾缓和程度、社会人群构成和主流人群倾向等因素的影响，通常人们在某些领域对关于企业的道德规范会有共识，但也经常存在分歧。除了上述造成道德规范多元性的宏观原因，每家企业也会根据自身的成长背景、业务领域和战略目标确立自身的价值观。如IBM的核心价值观是"成就客户、创新为要、诚信负责"；通用电气的核心价值观是"坚持诚信、注重业绩、渴望变革"；格力电器的核心价值观是"少说空话、多干实事，质量第一、顾客满意，忠诚友善、勤奋进取，诚信经营、多方共赢，爱岗敬业、开拓创新，遵纪守法、廉洁奉公"；阿里巴巴有六大核心价值观：客户第一、团队合作、拥抱变化、诚信、激情、敬业。虽然很难找到两家核心价值观完全一致的企业，但没有企业不愿意获得诚信经营的名声。我们在讲合规时，往往会在行为规范中强调诚信与道德，甚至把诚信与合规连在一起，等同使用。企业及其员工大多数不合规的行为都可以追溯到诚信问题，从生产假冒伪劣产品到商业贿赂，从侵犯知识产权到违反出口管制禁令，概莫能外。《中央企业合规管理指引（试行）》虽没有将诚信列入合规义务来源，但在第27章中规定，企业应积极培育合规文化，通过制定发放合规手册、签订合规承诺书等方式，强化全员安全、质量、诚信和廉洁等意识，树立依法合规、守法诚信的价值观，筑牢合规经营的思想基础，反复强调诚信在合规中的重要性。

（三）合规是过程与结果的结合

从国内外对合规的界定来看，一般将合规定义为企业遵守和符合规则的状态。比如，《中央企业合规管理指引（试行）》第2条规定，本指引所称合规，是指中央企业及其员工的经营管理行为符合法律法规、监管规定、行业准则和企业章程、规章制度以及国际条约、规则等要求。然而，企业合规这一理想状态并不能一蹴而就，而是要经过确保企业及其员工遵守法律、法规、标准、道德操守的持续过程。合规的过程性体现在两个方面：一是前期合规体系建设需要投入时间开展大量工作，比如梳理企业内外部制度、通过现场访谈等方式发现合规风险点、编写合规业务指引和员工行为手册、撰写合规示范条款等；二是合规体系建设完成后，需要维护、运行和更新，开展合规体系评估等，更新、完善企业的合规体系，而且合规体系运行也离不开合规考评、合规培训、合规文化培育、合规风险举报等需要长期开展的合规保障工作。

综上所述，笔者认为，合规是指通过建立、维护和运行一整套企业内部管理制度和流程，以确保企业及其员工、其他利益相关方等主体遵守和执行适用于企业的内外部规范。

（四）合规与相关概念的区别

《中央企业合规管理指引（试行）》第4条规定，推动合规管理与法律风险防范、监察、审计、内控、风险管理等工作相统筹、相衔接，确保合规管理体系有效运行。如果不厘清合规管理与法务、纪检监察、审计、风控等工作的关系，则在本已纷繁复杂的企业风险管理版块中再加上合规管理，有可能造成九龙治水、政出多门的混乱局面。

1. 合规与法务

在实务中，国内外很多企业都存在合规部和法务部合二为一的情形；加之严格来讲，合规和法务都致力于实现企业遵守法律、法规和其他适用的规则、标准的状态，是关联度很高的工作，因此两者容易混淆。虽然《中央企业合规管理指引（试行）》第10条规定，法律事务机构或其他相关机构为合规管理牵头部门，组织、协调和监督合规管理工作，为其他部门提供合规支持。但是这可以理解为将法务和合规这两项职能交由同一部门负责，而非合规和法务是同一职能。

首先，两者的性质不同。合规是一个宏大的管理体系，强调嵌入企业的经营管理，持续不断的合规管理可以改善企业管理组织体系，形成具有较强执行力、程序化的管理制度和流程。而企业法务侧重于通过具体案件的解决和事项的处理来维护企业的权益，如个案诉讼仲裁，合同的起草、审查、修改，劳动与雇佣，投融资等。

其次，两者的内容不同。法务主要依据法律法规对企业纠纷进行处理，但是合规除了强调企业守法经营，还可能要求企业遵守企业内部规定、国际条约、行业准则、商业惯例、社会道德规范等，所依据的规范较之法务更为宽泛。同时，由于合规需要将规范要求细化和融入企业日常经营管理中，而非简单充当"企业警察"的角色，所以除了依赖法律专业知识，同时也涉及培训、人力资源、交流、审计和内控等企业管理内容。

合规和法务有区别也有联系。法务为合规制定标准，提供专业支持；合规将标准嵌入企业业务流程，改善企业的经营管理。公司法务在处理纠纷的过程中可能发现合规风险点和预防风险的关键环节，从而有利于弥补合规漏洞；而优秀的合规管理体系一方面可以减少法律纠纷，另一方面在纠纷可能发生的情况下，帮助提供更多的有利证据和抗辩理由，还可以证明公司已经尽到合规义务，帮助减轻对企业的处罚和相应的法律责任。

2. 合规与审计

内部审计之父劳伦斯·索耶这样给内部审计定义："对组织中各类业务和控制进行独立评价，以确定是否遵循公认的方针和程序，是否符合规定和标准，是否有效和经济地使用了资源，是否在实现组织目标。"企业内部审计和企业合规同属企业全面风险管理和内部控制体系的组成部分，同样既有区别，又有联系。就区别而言，首先，合规和审计所要解决的问题不一样。简而言之，合规解决的问题是，企业活动是否符合内外部规范。而审计解决的问题是，企业活动是否达到了预期效果。

其次，两者的性质也有差异。合规着眼于企业的现在和未来，以确保企业活动遵循内外部规范，因而基本上是运行性的；而内部审计着眼于企业的过去和现在，审查和评估企业内部控制体系是否充分高效，因而基本上是保证性的。合规的运行性体现在合规嵌入企业的日常经营管理，因而和业务是紧密联系的；而审计的保证性则要求审计要起到应有的效果，就必须保持高度的独立性。

最后，合规和审计在企业风险管理中扮演的角色不一样。按照国内外通行的企业风险管理"三道防线"理论和《中央企业全面风险管理指引》第10条、《保险公司合规管理办法》第20条至第23条规定，企业风险管理有三道防线，第一道防线是业务部门，第二道防线是合规部门和合规管理，第三道防线是审计部门。合规管理作为审计部门的前一道防线，其本身也是审计的对象之一。

合规和审计的联系体现在：一方面，审计可以评估合规的有效性，两者之间形成交流反馈。企业审计部门应对企业合规管理的执行情况、合规管理体系的适当性和有效性等进行独立审计。审计部门与合规部门在工作中可以相互沟通审计结果和合规风险的识别和评估情况。另一方面，审计和合规分属不同专业领域，可以互相提供支持，实现"1+1>2"的效果。企业合规可以为内部审计提供法律支持，如法律意见和合规意见。企业合规部门开展内部合规调查，特别是当涉及反腐败、反商业贿赂、反舞弊等事项时，需要企业审计部门提供财务方面的专业支持。

3. 合规与纪检监察

在企业合规管理过程中，反腐败和反商业贿赂一直是重点，而纪检监察工作的重点也常常是反腐倡廉。两者在工作方式上也有共同点，都是软硬结合，既强调用规章制度进行硬性约束，又重视宣传教育和文化培育。此外，合规强调将合规管理嵌入企业具体工作流程和具体岗位，而纪检监察也在开展嵌入式廉洁风险防控机制建设，不断优化流程梳理，将廉洁要求落到实处。以上种种联系使得合规和纪检监察范畴的区分显得不够清晰，但其实两者有明显的区别。

首先，两者的牵头和执行单位不同。《中央企业合规管理指引（试行）》第10条规定，法律事务机构或其他相关机构为合规管理牵头部门，组织、协调和监督合规管理工作，为其他部门提供合规支持。而在实践中，每家企业都会根据自身特点单独设置首席合规官、合规委员会、合规专员等机构和岗位，也可能将合规职能直接赋予法务部，以开展合规管理工作。而企业纪检监察工作的牵头和执行部门则相对固定，纪检工作的牵头单位为公司纪委，具体办事机构为纪检监察部门。

其次，两者的规范依据和领域不同。合规的规范依据既包括法律法规、国际条约、行业惯例等外部规范，又覆盖公司自身的制度、政策、标准和流程，甚至还涉及道德操守，其领域横跨反腐败、产品质量、知识产权、劳动用工、环境保护，甚至出口管制等多方面。而纪检监察的规范依据主要是党的章程和其他党纪党规，覆盖的领域主要集中在反腐倡廉、思想政治工作等方面。

再次，两者的工作内容和对象不同。合规的工作内容包括合理搭建合规体系的组织框架，抓准合规的重点领域和关键环节，进行合规风险的识别、分析和评估，企业内外部制度梳理，法律法规库的建设和合规指引的发布等。工作对象从企业领导层到普通员工，还覆盖供应商等商业伙伴。纪检工作是党内监督工作，主要内容是负责维护党的章程和其他党规党纪，检查党的路线、方针、政策和决议的执行情况，协助党委加强党风廉政建设和组织协调反腐败工作。纪检监察的工作对象主要是企业内部的党员。

最后，两者的违规后果和问责手段不同。如果企业不合规，那么根据行为的严重性和所违反的具体规范，违规主体可能承担民事责任、行政责任或者刑事责任，也有可能因违反劳动纪律被解除劳动合同，还可能因为违规损害企业声誉而丧失交易机会等。而对于违反党纪党规的主体，企业的纪检监察机关有权对违规主体进行监督、执纪和问责，纪委可以根据《中国共产党纪律处分条例》对责任主体进行相应处分。

纪检监察在企业反腐败、思想政治宣传等方面有丰富的经验和资源。因此，企业在合规体系建设过程中，可以整合纪检监察资源，交流借鉴工作方法，让合规管理和纪检监察形成合力，共同建设优秀的企业合规体系。

4. 合规与内控、风险管理

我国《企业内部控制基本规范》第3条规定，内部控制是由企业董事会、监事会、经理层和全体员工实施的、旨在实现控制目标的过程。内部控制的目标是合理保证企业经营管理合法合规、资产安全、财务报告及相关信息真实完整，提高经营效率和效果，促进企业实现发展战略。我国《中央企业全面风险管理指引》第3条规定，企业风险一般可分为战略风险、财务风险、市场风险、运营风险、法律风险等。该指引第4条将全面风险管理定义为：企业围绕总体经营目标，通过在企业管理的各个环节和经营过程中执行风险管理的基本流程，培育良好的风险管理文化，建立健全全面风险管理体系，包括风险管理策略、风险理财措施、风险管理的组织职能体系、风险管理信息系统和内部控制系统，从而为实现风险管理的总体目标提供合理保证的过程和方法。

企业合规、企业内部控制和企业全面风险管理之间有密切的联系。企业内部控制和风险管理的对象都是企业经营过程中的风险，企业全面风险管理主要通过内部控制来实现目标，而合规则是企业内部控制的重要组成部分。

二、合规的意义

（一）防范风险

企业违规的法律责任后果相当严重，对企业的正常经营会产生较大的负面影响。2006—2008年爆出的西门子全球行贿案中，西门子公司及其子公司为了获得交易机会，向十余国政府官员行贿，同时违反了德国和美国的反腐败法。为此，美国司法部、证券交易委员会和德国监管当局对西门子开出总额高达13.45亿美元的罚单，信誉危机、天价罚款一度让这家百年老店陷入前所未有的困境。面对危机，西门子公司一方面对行贿事实供认不讳、积极配合美国和德国政府调查，尽快结束美德两国的法律程序，并获得减轻处罚；另一方面斥资20亿欧元重建"防范—监察—应对"的合规体系。美国司法部称西门子公司"以异乎寻常的努力实施了亡羊补牢和自我清理的措施，建立了最先进的'超一流'的合规体系"。从此，"只做合规的业务"在西门子深入人心，西门子也逐渐从这次危机中恢复过来。2018年《财富》世界500强排行榜，西门子公司排名第66位。

2016年，中兴公司因为违反美国的出口管制禁令，被美国列入禁止出口零部件的"实体清单"。2018年5月9日，中兴通讯发布公告，表示"受拒绝令影响，本公司主要经营活动已无法进行"。后中兴通讯为此支付了14亿美元的罚款和保证金，并且其全体董事会成员辞职。案件暴露了中兴通讯合规体系中的巨大漏洞。首先，中兴通讯因为合规管理的缺陷，没有否决其和伊朗的交易，反而想方设法规避美国的出口管制；其次，在和美国商务部签订和解协议之后，中兴通讯不仅没有借机弥补自身合规漏洞，反而拒不执行和解协议中承诺的条款，最终导致其合规管理的彻底失败。中兴通讯新任CEO徐子阳在向全体员工发出的内部信中称："拒绝令的激活给公司造成了巨大损失，新任管理层将……始终把合规作为企业发展的战略基石……把全部力量聚焦在公司的合规体系建设、业务发展和为客户创造价值上……我们深知公司33年一路走来的艰辛和不易，正因如此，我们将全力以赴，保持公司平稳过渡……"

西门子已经浴火重生，而中兴通讯仍然在恢复期，这两则典型案例深刻揭示了企业不合规可能造成的负面影响。反言之，如果企业具备优秀的合规管理，那么笔者认为，可以在以下几个方面促进企业的长远健康发展：

在前期，完善的合规体系有助于企业及时识别并采取措施控制和应对合规风险，消除或降低合规风险对企业造成的负面影响和损失。完善的合规管理一般包括合规风险识别预警机制、合规审查机制、合规风险应对机制等。其中，合规风险识别预警机制能够在全面系统梳理企业合规风险的基础上，对风险发生的可能性、影响程度、潜在后果等进行系统分析，并及时发布预警。合规审查机制则将合规考量纳入重大事项决策、重要合同签订的过程中，为企业经营管理事先"排雷"。而合规管理中的合规风险应对，则旨在针对发现的风险制定预案，采取有效措施，及时应对处置，以最大限度地化解风险、降低损失。

而在合规风险转化为合规纠纷或者合规问题时，完善的合规体系可以为企业提供较为完整的案件信息和证据材料，帮助企业发掘更多的抗辩和免责理由。在合规管理较为完善的企业中，业务活动的各个环节都按照内外部规范的要求来进行，会留存更多反映企业合规经营的记录和证据材料。从事实的角度来说，当企业发生经济纠纷时，无论是主张权利还是提出抗辩，都必须有相应的证据材料作为支撑。从法律的角度来说，企业的合规管理越完善，在开展业务过程中对义务的履行和权利的主张将越到位，其在法律上主张权利或者提出抗辩的理由就越充足。因此，完善的合规管理能够帮助企业在争议解决中占据事实和法律理由上的优势。

在合规风险转化为合规纠纷或者合规问题时，完善的合规体系本身更是可能直接成为区分企业责任和员工责任、减轻企业法律责任后果的重要考量。从国内法来看，完善的合规管理能够为员工定岗定责，划定行为红线和指引，通过一系列标准、流程压缩员工违规操作的空间，降低因为员工的违规行为导致企业承担责任的法律风险。在这方面，我国立法正在通过制度设计鼓励企业加强自身的合规管理。如《反不正当竞争法》第7条规定，经营者的工作人员进行贿赂的，应当认定为经营者的行为；但是，经营者有证据证明该工作人员的行为与为经营者谋取交易机会或者竞争优势无关的除外。如果企业加强商业贿赂方面的合规管理、禁止员工以商业贿赂的方式为经营者谋取交易机会或者竞争优势，那么即使有员工进行商业贿赂，企业也可以证明员工是出于个人目的而非为执行公司意志、为公司利益而贿赂，从而争取免除或减轻责任。同理，《民法总则》第172条规定的表见代理制度，同样鼓励企业完善自身的合规体系建设。该条规定，行为人没有代理权、超越代理权或者代理权终止后，仍然实施代理行为，相对人有理由相信行为人有代理权的，代理行为有效。而在审判实务中，在认定相对人是否有理由相信行为人有代理权时，法官会重点关注被代理人对代理人权利外观的形成是否有过错等基本事实。也就是说，如果企业加强自身合规管理，比如，保管印章、授权审批等流程，减少无权代理人形成权利外观过程中企业自身的过错，那么可以降低法院认定表见代理从而让企业为员工个人行为承担责任的法律风险。

在鼓励企业用完善的合规体系减轻法律责任方面，国际上和发达国家的制度设计显得更为成熟和完善。国际化标准委《ISO19600—2014合规管理体系指南》在"介绍"部分指出，在很多法域，法院在认定违法行为应受的相应处罚时，会通过考察企业合规管理体系来判断组织是否合规。美国2004年版的《针对机构实体的联邦量刑指南》则更为明显，规定合规体系不完善的企业将面临更严重的处罚，合规体系不完善的表现包括：组织内的高级管理人员参与、宽恕或者故意忽略违法行为；组织内掌握实权的人员普遍容忍违法行为；该公司之前发生过类似违法行为；组织通过阻碍调查或者指控来妨害司法公正。相应地，该指南规定了若干能实质减轻犯罪所受处罚的考量因素，其中之一就是犯罪发生时，该组织是否具备有效的合规体系。英国2010年出台的《反贿赂法》、法国2016年通过的《关于提高透明度、反腐败以及促进经济生活现代化的2016—1691号法案》，也都有类似规定。

（二）降本增效

不可否认，很多企业加强合规管理，主要是担心违规风险和相应的法律责任后果，这属于"要我合规"的被动型合规。然而，企业合规的目的在于通过建立、运行和维护一整套企业内部系统，实现整个企业遵守内外部制度的健康秩序。这种健康秩序本身就是企业管理成功的表现之一，而且能够帮助企业提高管理效能、节约管理成本。

首先，合规体系建设能够梳理、完善企业内外部制度，让企业管理有制度可以遵循。《中央企业合规管理指引（试行）》第17条规定，建立健全合规管理制度，制定全员普遍遵守的合规行为规范，针对重点领域制定专项合规管理制度，并根据法律法规变化和监管动态，及时将外部有关合规要求转化为内部规章制度。合规管理的前提之一是要有"规"可合和合正确的"规"。随着中国特色社会主义法律体系的形成，企业在生产销售、劳动用工、环境保护、知识产权、反腐败、国际贸易、数据保护、反洗钱、证券舞弊等各方面都逐渐有法可依；同时，越来越多的国内企业开展海外运营，不可避免要受所在国法律的约束。企业面对纷繁复杂而不断更新的国内外规范，可能不清楚该合哪些规，该如何合规。而合规体系建设首先根据企业的业务特点梳理企业所要遵循的外部规范，找到企业要合哪些"规"，形成制度库，同时将抽象的外部制度消化为易于理解的行为指引和红线；然后将企业的内部制度与外部规范进行对照，查漏补缺，更新完善企业的内部制度、标准、政策和流程，为企业提供管理办法、为员工提供行为手册、为业务部门提供专项合规指引。

其次，合规体系建设能够明确企业各部门的权责界限，为管理层和员工定岗定责，避免企业内部管理出现九龙治水、叠床架屋的混乱局面。《中央企业合规管理指引（试行）》第4条强调，推动合规管理与法律风险防范、监察、审计、内控、风险管理等工作相统筹、相衔接，确保合规管理体系有效运行，还要求明确管理人员和各岗位员工的合规责任并督促有效落实。企业尤其是大型企业内部存在多个参与企业内部管理的机构，包括审计、风控、法务，甚至纪检监察等，它们的职能交叉重叠，如果不加以统筹，容易浪费资源，出现"1+1<2"的局面。而合规体系建设通过研究相关部门的

职能定位，统筹不同机构的运转和衔接，明确管理层和员工的权责，能够化管理资源为管理力量，让企业的各个部门和岗位形成管理合力。

再次，合规管理强调将合规标准和要求嵌入业务流程，实现业务的规范化和标准化，让合规成为企业的日常习惯，从而降低管理成本。《中央企业合规管理指引(试行)》第11条要求业务部门按照合规要求完善业务管理制度和流程，主动开展合规风险识别和隐患排查，发布合规预警，组织合规审查等；在市场交易、安全环保、产品质量、劳动用工、财务税收、知识产权等领域加强合规管理，比如在市场交易领域，要求完善交易管理制度，严格履行决策批准程序，建立健全自律诚信体系，突出反商业贿赂、反垄断、反不正当竞争，规范资产交易、招投标等活动。合规是一个将法律要求融入商业经营的"法商融合"的过程，如果业务开展过程中的合规流程不明确，那么可能导致业务目的无法实现，比如合同的签订、物权的变动都有其法律程序要求，如果不满足要求，合同被认定无效、货权无法转移，业务开展就是失败的；而且，合规要求不明确，还可能导致业务人员因为担心合规风险而不敢放开手脚开展业务。相反，如果将合规要求嵌入业务流程，把好预防合规风险的第一个关口，那么业务开展必将因为合规风险的降低而更加得心应手。

最后，合规体系建设要求企业从上至下形成诚信合规的文化和风气，以利于提高员工的安全感、信任感和工作积极性，节约管理成本。仅仅依靠外部约束进行企业管理是不够的，只有调动从领导层到普通员工的合规积极性，变"要我合规"为"我要合规"，才能实现整个企业合规体系的流畅运转。而当企业形成诚信合规的风气，在劳动用工、安全生产等各方面进行比较完备的合规管理之后，就能够提高员工行为后果的可预测性，减少员工受到的不公平待遇，增强员工对企业的认同感、归属感和相互之间的信任感，激发员工工作的自觉性和积极性，主动避免不合规行为，以较低的成本实现更高的管理效益。

（三）赢得尊重

如前所述，合规体系的漏洞不仅会给企业造成巨大的经济损失，还可能引发企业的信誉危机。反过来，优秀的合规管理是企业诚信经营、以高标准要求自己的直接体现和最佳证明，能够为企业赢得良好的声誉和信任，从而帮助企业获得商业机会、人才招聘等各方面的竞争优势。

首先，合规为企业带来了诚信的商业伙伴和优质的商业机会。葛兰素史克在华贿赂案中，葛兰素史克的中国子公司正是通过多家旅行社，以虚增会议规模等方式来贿赂政府官员、医药行业协会、基金会、医院、医生等，从而逃避葛兰素史克自身合规管理的约束。《2016—2017合规及反商业贿赂蓝皮书》的调研显示，超过30%的企业是因为第三方合作伙伴对外实施违规行为而受到处罚的。由此可见，不合规的商业伙伴，会加大企业本身的违规风险；而诚信经营的商业伙伴，通常意味着优质的商业机会。一方面，现代合规都强调将合规管理延伸到企业产业链的上下游，选择与合规体系完善的商业伙伴合作。另一方面，如果一家企业具备完善的合规体系，那么更有可能引起对商业伙伴有合规要求的企业的青睐，而这些企业本身通常也非常重视合规管理工作。合规意味着企业在各方面诚信、可预测并值得信赖，从而降低合作风险。

其次，合规可以帮助企业吸引和挽留优秀正直的人才。良禽择木而栖，难以想象优秀正直的人才会不被一家诚信经营、合规体系完善的企业所吸引。合规体系完善的企业对人才至少有以下三个方面的吸引力：其一，合规的企业更有能力保证员工获得公平对待。合规包括劳动用工、安全生产等领域，这些都与员工的切身利益密切相关。如果企业能够保证员工在工作中获得尊重、尊严和公平，那么势必会吸引和挽留更多人才。其二，合规的企业能够减少员工违规风险，这一点同样吸引人才。如果企业合规管理完善，那么员工可以与正直的上级和同事共事，在低违规风险的环境中工作，从而更倾向于为企业长期效力。其三，诚信合规的企业能够让正直的员工获得成就感、实现自我价值。随着我国经济的发展和生活条件的改善，越来越多的人不再仅仅把工作视为养家糊口的工具，而开始关注工作体验。如果企业秉持自己的价值观、合规经营，那么正直的员工更容易体会到工作的价值和意义，实现自我价值和企业价值的统一，从而对企业更加忠诚。

（四）提高国际营商能力

发达国家的法治环境更为成熟透明，对违规行为零容忍，很多在国内可以使用的经营管理方式照搬到国外不一定能够行之有效，反而有可能招致处罚。而且，发达国家对企业合规体系的要求更高，只有诚信合规的企业才能获得当地政府的信任、社会的尊重和市场的认可。纵观国际上海外运营取得成功的"百年老店"，无一不靠完善的合规体系保驾护航，即使在因违规引发存亡危机时，也是通过痛定思痛、诚信合规来力挽狂澜、重回正轨。因此，合规是企业参与国际市场竞争的必要条件与核心竞争力之一。

合规帮助企业取得国内外政府的信任，从而享受全球运营的便利条件。企业运营离不开所在地政府机关的监管，而政府机关的精力和监管资源是有限的，不可能对所有的企业都同时进行全面监管。鉴于此，政府可能重点监督合规体系不够完善的企业，而给予合规管理较为完善的企业更多便利。在贸易通关领域，获得经认证经营者（AEO）高级认证可以为企业赢得各国海关的信任，享受通关便捷，从而推动产品更快地进入各国市场。华为技术有限公司是 AEO 高级认证成员之一，据华为贸易合规负责人亚历山大·马龙在 IFCBA 国际会议沙龙上的介绍，华为之所以能获得并保持 AEO 高级认证成员资格，主要是靠加强内控体系建设和保证贸易安全。中国某石油企业在澳大利亚设立的合资公司，同样因为在技术、经济、商务、治理结构和社区及社会六个领域构建了完善的合规管理体系，努力控制技术风险和非技术风险，所以即使在面对澳大利亚严格的项目环境评价报告审核时，相对其他公司依然能够被附加最少的审查条件。而且，由于该合资公司在合规方面的优秀表现，当地政府支持其保留核心资源区和对历史遗留恢复地貌义务的工作计划。

此外，合规能够减少贸易摩擦对企业造成的系统性风险，确保企业全球供应链的稳定安全。华为2018年第十二届核心供应商大会公布的名单显示，华为92家获奖核心供应商中，有33家来自美国。华为作为国内最具创新力的高科技企业之一，依然十分依赖美国供应商。而在中兴违反美国出口禁令案中，美国之所以能够封杀中兴，归根结底是因为中兴的大量芯片供应依赖于美国芯片企业，一旦断绝供应后，中兴业务即受到巨大打击，库存芯片数量只能维持2个月的订单量。在中美贸易摩擦的大背景下，2018年美国采取了很多针对中国企业的措施。比如，通过《外国投资风险评估现代化法案》，强调对来自中国的投资进行国家安全审查；美国司法部牵头发起"中国行动计划"，定点打击中国企业，以应对中国对美国造成的国家安全威胁；美国商务部产业安全局（BIS）宣布将44家新增中国企业列入出口管制实体清单（Entity List），切断其国际供应链。

在被针对的情况下，如果中国企业做好合规，那么可以一定程度降低被美国处罚的风险。例如，如果A企业与B企业签订合同时B企业没有上实体清单，但发货前B企业上了实体清单，此时如果A企业的合规管理比较完善，那么会持续跟踪美国实体清单的变动，从而及时地向美国商务部申请与B企业进行交易的许可证，避免违规风险。因此，如果企业能够持续保持较高的合规水平，那么即使面临外国立法机关、行政机关的针对性行动，依然能够最大限度地保障自身的利益。

（五）确保管理层和员工安全履职

企业重大违规事件一旦发生，除了直接责任人员，企业领导层和管理层很可能也要承担责任，这一点央企、外企和民企都不例外。在中兴违反美国出口禁令案中，作为与美国达成的和解协议的一部分，中兴通讯董事会原有14名董事全数辞职，还更换了首席执行官，所幸中兴通讯高管在该案中没有被美国追究个人责任。而在长春长生疫苗案中，长春长生生物科技有限责任公司董事长高俊芳等15名高管因涉嫌生产、销售假药罪等被刑事拘留、立案调查。对此，深交所还发布公告，对长生生物科技股份有限公司多名董事、高级管理人员给予公开谴责的处分。而《中央企业违规经营投资责任追究实施办法（试行）》第23条规定，中央企业经营管理有关人员任职期间违反规定，未履行或未正确履行职责造成国有资产损失或其他严重不良后果的，应当追究其相应责任。由此可见，违规事件不必然导致管理层承担责任，如果管理层能够证明自己已经正确履行职责，那么可以对企业违规事件免责。以央企为例，央企合规体系建设的重要工作之一，就是梳理包括《中央企业违规经营投资责任追究实施办法（试行）》在内的企业外部制度，厘清企业领导职责权限，划定行为红线，提示违规责任后果，帮助企业领导层和管理层了解如何合规履职。即使将来企业发生违规事件，那么领导层和管理层也可以通过证明自身已经正确履职免除或者减轻个人责任。

合规管理除了有助于企业领导层安全履职之外，也有利于降低普通员工的违规风险。原银监会在 2016 年 12 月颁布了《关于进一步加强商业银行小微企业授信尽职免责工作的通知》，其中规定"无确切证据证明工作人员未按照标准化操作流程完成相关操作或未勤勉尽职的"，商业银行在责任认定中可对小微企业授信业务工作人员免除全部或部分责任。在合规管理中，企业会制定业务流程、标准，如果员工严格按照企业内部管理制度开展业务，那么即使出现问题，员工也可以主张尽职免责，这反过来也会鼓励员工主动合规。

第二节　合规在美国的起源与初步发展

一、药食安全与反垄断合规

合规最早可以追溯到成立于 1906 年的美国食品和药物管理局。该局对食品和药物安全的监管促使部分企业开始将合规视为企业运营的一部分。现代企业合规制度正式出现于 20 世纪五六十年代的美国反垄断大潮中，当时众多美国电气设备行业的龙头企业及其高管遭到串通抬价、瓜分市场等反垄断指控。仅 1961 年，就有 29 家公司和 45 名个人接受反垄断罚款。与此同时，当时的美国联邦交易委员会主席也宣称，如果一家企业建设并执行严密的合规体系，证明其能够迅速纠正违规行为，那么该企业就是可信的。美国政府在反垄断领域的重拳出击加上美国政府监管部门对合规体系的重视，在当时促使很多企业开始建立反垄断合规体系。

二、反腐败合规

20 世纪 70 年代美国系列财务丑闻和水门事件进一步推动了企业合规体系建设。水门事件的特别检察官的调查结果显示，1972 年总统选举过程中，大量企业进行了非法政治捐献。根据美国国税局对特定税收抵扣更为严格的报告程序，证券交易委员会对水门事件进一步调查，发掘出企业界贿赂、回扣成风的证据。同时还发现，美国的跨国企业为获取交易机会，一直使用公司资金贿赂外国政府官员。

鉴于此，美国证券交易委员会为上市公司制定了自愿披露项目，鼓励上市公司进行自查摸底，并主动向证券交易委员会报告违规行为，以获宽宥。同时，证券交易委员会一并使用包括强制企业改变内部运行程序的同意令与建立外部审计等在内的其他执法手段。当时的证券交易委员会还表示，如果企业进行尽职调查、公示结果，并公开宣布停止非法支付，那么证券交易委员会可能考虑不对该企业进行处罚。最终，超过三百家企业自行披露了非法支付，案涉金额接近3亿美元。

行贿成风暴露了当时企业合规体系的漏洞和失灵，让人意识到仅仅依靠企业自我管理抵御违规风险是不够的。当时的企业只给予经理们口头、非正式的工作指导，缺乏规范正式的内部管理流程，无法对董事、经理等管理人员形成有效制约。经理层普遍存在激进冒险、临时决策、行动导向的倾向，一旦违规，企业和经理都要承担相应的法律责任。

针对上述问题，企业广泛制定了道德行为准则加以应对；而自愿披露项目中的停止非法支付宣言，则促使企业制定书面政策处理非法支付。为遏制企业贿赂和恢复公众信任，美国于1977年颁布了《反海外腐败法》，要求上市公司在贿赂、回扣、记账和其他方面执行更为正式的合规政策，尤其是在财务记录和资产分配方面。《反海外腐败法》在美国合规乃至世界发展史上具有标志性意义。一方面是因为该法在反腐败领域具有广泛的域外管辖效力，至今仍然是悬在各国跨国企业头上的"达摩克利斯之剑"；另一方面是因为该法要求企业对资金往来进行准确的会计记录，从而直接介入了企业财务内控体系的建设。关于美国《反海外腐败法》，在本书第七章"中国企业海外合规的重点问题"中将进行详细介绍，此处不再进一步展开。

（三）金融、国防供应与环境保护合规

20世纪80年代是美国各领域合规问题多发的时代，这也反过来推动了企业在问题领域的专项合规体系建设。

金融行业是80年代违规行为高发行业之一，在这一时期发生了大量内幕交易。为此，美国国会于1988年制定了《内幕交易与证券欺诈执行法案》。该法案旨在促使证券公司更深入地参与行业监管，对证券行业的员工监管提出了新要求；同时还要求证券公司和投资顾问制定和执行书面流程，防止重要的内幕信息被滥用。此后，证券交易委员会的规定还要求投资公司制定书面行为准则，以遏制代理商的欺诈行为。同时，企业在借贷交易中的违规操作导致大型金融机构破产，令美国联邦存款保险公司捉襟见肘，于是美国国会于1991年通过了《联邦存款保险公司法案》，以加强被保险主体的监管。

国防开支浪费和合同欺诈是80年代另一曝光度很高的企业违规现象。为强化国防供应领域的规范管理，里根总统甚至建立了国防管理蓝带委员会（下称"帕卡德委员

会"）。帕卡德委员会推荐在国防供应行业推广行为准则，同时主张建立自愿向国防部披露供应商违规行为的项目。1986年5月，18家国防供应商联合起草和发起了"国防工业商业道德和行为倡议"，包含行业自我管理的六大原则，包括但不限于推广、执行书面合规行为准则与向有权机关举报违规行为。该倡议经发起后得到积极响应，

截至80年代末，过半数的国防供应商签署了上述倡议。1986年，美国国防部建立了自愿披露项目，鼓励内部调查和违法行为早报告。如果供应商主动披露违规行为并配合调查，那么美国国防部和司法部可能酌情减轻对其的行政处罚。之后美国国防部鼓励所有供应商建立合规体系，以及时发现、披露、纠正与政府交易相关的违规行为，并规定了衡量合规体系有效性的若干标准。此外，国防部还建立了供应商风险评估指南项目，以评估供应商合规体系的有效性。如果供应商合规体系比较完善，那么政府可以相应减少监管。

环境保护领域的合规也在这一时期得到发展。1986年美国环境保护署在《环境审计政策声明》中鼓励公司对设备使用是否符合环保要求进行系统、定期和客观的检查，以确保公司合规体系的有效性，发现潜在的环保违规问题。

第三节　合规在美国的成形与完善

一、全面合规体系成形

20世纪90年代以前的合规多集中在某些具体领域，从20世纪90年代开始，企业全面合规体系建设逐渐成形。美国国会于1984年颁布了《量刑改革法案》，该法案为触犯同类型联邦法罪名且具备相似点的罪犯制定了量刑指南，指南的具体制定机关是当年成立的美国量刑委员会。美国量刑委员会于1987年首次发布的《联邦量刑指南》，只有七章，且只适用于自然人。1991年，美国量刑委员会为该指南添加了第八章，即《针对机构实体联邦量刑指南》（下称《量刑指南》）。在制定《量刑指南》时，量刑委员会一开始沿用法经济学的思想，大幅加重对机构实体的刑事处罚，且不加入刑事责任减免条款，希望机构实体在违法获利和违法责任之间进行经济考量，最终做出合规经营的理性选择。鉴于此，美国公司和行业协会先后加以游说，主张将机构实体是否具备完善的合规体系作为减轻刑事责任的重要考量，最终得到量刑委员会的采纳并纳入《合规指南》。《量刑指南》规定了衡量机构实体合规体系是否完善的七项标准，具体包括：建立合理的标准和程序，以预防和发现犯罪行为。机构实体领导层必须了解合规体系的内容和运行，合理监督合规体系的执行和有效性。机构实体管理层必须

保证自身具备有效的合规体系。高级管理人员个人则应当对合规体系整体负责。机构实体中的个人应当承担合规体系的日常运作责任，定期向包括领导层在内的上级汇报合规体系的有效性。为完成上述职责，必须为个人配备足够的资源、适当的权限和向包括领导层在内的上级汇报的直接渠道。机构实体应努力将任何有违法行为或者违反合规体系要求行为的个人排除出组织的实权岗位。根据受众的岗位和职责，通过培训项目和信息传播，定期、务实地向公司领导层、管理层、经理层、普通员工乃至代理人宣传合规体系标准、程序和其他各个方面。机构实体应当采取合理行动以便确保机构实体的合规体系得到遵守，包括监督和审计以发现犯罪行为；定期评估合规体系的有效性；建立并公开匿名或保密举报系统，以保证员工或者代理人可以就犯罪行为进行举报或者寻求指导时没有后顾之忧。激励合规行为，惩罚参与犯罪行为或者未采取合理措施避免、发现犯罪行为，以在整个机构实体范围内持续推广和执行合规体系。一旦发现犯罪行为，机构实体必须采取合理措施加以应对，并防止将来类似犯罪的发生，包括对机构实体的合规体系进行必要调整。

《量刑指南》的出台标志着现代合规理念与合规标准的成形，在美国乃至世界现代合规发展史上具有里程碑式的意义。因为《量刑指南》不溯及既往，所以在出台后的前几年，监管机关没有据此对企业开出巨额罚单。但从1995年开始，《量刑指南》逐渐展露峥嵘，监管机关接连在反垄断和金融犯罪领域开出数亿美元的罚单，引发了企业的广泛关注。此前，只有少数美国企业建立了全面合规体系，《量刑指南》的出台促使这些企业按照《量刑指南》的合规标准审查和改进其现有合规体系；而此前尚未建立全面合规体系的企业则开始按照《量刑指南》的要求建设合规体系。

《量刑指南》经由1991年颁布的《霍尔德指南》得到进一步发展。《霍尔德指南》规定，检察官在决定是否对某商业机构提起公诉时，必须考虑该商业机构合规体系的相关情况。2008年，几经修改的《霍尔德备忘录》被编入《美国联邦检察官手册》，规定全美所有联邦检察官在决定是否起诉一家公司时，必须考虑该公司合规体系的存在与有效性，而衡量有效性的标准，很大程度上来源于上述《量刑指南》规定的七项要求。

（二）合规发展的黄金期

21世纪最初的五年是美国违规丑闻频发的黑暗时期，同时也是合规发展的黄金时期。2001年到2002年，安然有限公司和世界通信公司等企业发生财务造假丑闻，暴露出美国上市公司治理和财务审计方面存在的严重问题。为加强公司监管、重振投资者信心，美国国会于2002年通过的《萨班斯-奥克斯利法案》（以下简称《萨班斯法案》），对美国上市公司财务监管中存在的问题进行了针对性规定。

作为美国国内法的《萨班斯法案》适用于所有在美国上市和准备赴美上市的公司，

包括外国公司，如中国的新浪、搜狐等，因而对世界范围内的企业经营和合规管理产生了深远影响。概括来讲，该法案的内容主要包括以下几个方面：

一是成立独立的公众公司会计监察委员会（PCAOB），加强审计行业监管。PCAOB由熟悉财务知识的5名专职委员组成，由美国证券交易委员会与美国财政部部长和联邦储备委员会主席商议任命。PCAOB保持独立运作，不作为美国政府的部门或机构。执行或参与公众公司审计的会计师事务所须向PCAOB注册登记。PCAOB有权制定或采纳有关会计师职业团体建议的审计与相关鉴证准则、质量控制准则以及职业道德准则等，有权对会计师事务所进行质量检查，还有权调查、处罚和制裁违反《萨班斯法案》、相关证券法规以及专业准则的会计师事务所和个人。

二是加强公司管理层责任。一方面，法案第302节要求首席执行官和首席财务官在财务报告上签字，以保证公司财务报告中不存在重大的错报、漏报，以及财务报告中的会计报表及其他财务信息在所有重大方面公允地反映了公司的财务状况和经营成果。另一方面，法案第404节授权SEC制定相应的规定，要求公司年度报告中包含内部控制报告，包括强调公司管理层建立和维护内部控制系统及相应控制程序充分有效的责任，并且对公司内部控制体系及控制程序的有效性进行评价。

三是完善公司审计制度。一方面，法案第301节要求所有上市公司董事会设立审计委员会，除了作为公司审计委员会、董事会或者其他董事会委员会成员外，发行证券公司审计委员会成员不能从发行证券公司收受任何咨询费或其他报酬，亦不能成为发行证券公司或其任何附属机构的关联人员。审计委员会有权任命外部审计师，决定其薪酬并监督其工作。同时，法案鼓励在审计委员会中设置一名"财务专家"。另一方面，法案第201节规定，为增强外部审计师的独立性，禁止负责公司审计的会计师事务所同时为公司提供簿记服务以及为审计客户提供的与会计记录或财务报表相关的其他服务，财务信息系统设计与实施、评估或估价服务，精算服务等被列入禁止清单的非审计服务，未明确列入禁止清单的非审计服务也要经过公司审计委员会的事先批准。

四是规定违反法案的相应处罚。公司首席执行官和财务总监如果未能保证公司提交证券交易委员会之财务报告的合法性和公允性，将面临50万美元以下罚款，或5年有期徒刑。证券欺诈罪名成立的个人最高可获有期徒刑25年，或罚金500万美元，而公司违反法案的罚金则最高可达2500万美元。故意破坏、伪造文件以阻止、妨碍或影响联邦调查的行为亦构成犯罪，责任主体面临罚金或最高20年有期徒刑的刑事责任。

这一时期对合规发展产生重要影响的，还包括2004年修订过后的《量刑指南》。《量刑指南》在原先七项标准的基础上，为评估合规体系的有效性规定了更为细致和严格的条款，包括但不限于培养诚信合规的组织文化、强调管理层对合规体系的监督、加强员工合规培训和宣介、建立内外部风险评估机制。

（三）合规在经济危机后的发展

美国2007年的次贷危机，导致了贝尔斯登公司和雷曼兄弟公司两家投行的破产，并引发了美国自大萧条时代以来最严重的失业和股灾。为避免经济危机进一步加剧，美国政府出资超过7000亿美元购买华尔街不良资产，救助房地产、汽车和银行等行业，但也导致民众财富缩水。为遏制金融违规、挽回公众信任，美国国会于2010年通过了《多德-弗兰克华尔街改革和消费者保护法案》（简称《多德-弗兰克法案》）。

该法案的规则和指南多达数千页，覆盖了几乎整个金融业和国民经济相关行业，包括但不限于商业贷款、消费贷款、金融衍生品、证券公司、对冲基金、投资银行、检举人，旨在改善金融行业责任制和透明度，避免再次发生经济危机，这是美国金融行业自大萧条时代以来最为深远的一次改革。限于篇幅，这里择要介绍该法案对企业合规体系建设的影响。

《多德-弗兰克法案》第922条规定，如果执法回收金额超过100万美元，那么美国证券交易委员会必须向提供证券违规举报原始信息的举报人发放10%~30%的奖励金。法案中此类鼓励举报的规定，促使企业进一步加强合规体系建设。此外，该法案第619条规定了"沃尔克规则"，即银行最多可将一级资本的3%投资于私募基金和对冲基金；银行不得从事自营业务，但可从事做市交易和对冲交易，银行也可继续交易美国国债；银行可保留利率掉期、汇率掉期等衍生品业务，但必须将农产品掉期、能源掉期等业务分拆到附属公司；同时要求银行机构通过执行内部合规体系，有效遵守"沃尔克规则"。

反腐败合规在这一阶段再次成为热点。以美国对德国西门子股份公司的反腐败执法案为代表，美国司法部和证券交易委员会在这一时期对大量跨国公司进行了反腐败调查和执法。与此同时，美国司法部反诈骗司检察官反复公开强调合规体系的重要性。而且，《反海外腐败法》中的会计条款对发行人施加了会计记录和内部控制方面的要求，禁止个人和企业伪造账册或者规避内控措施。受《反海外腐败法》项下巨额罚款的警示（西门子被罚约16亿美元）和会计条款的要求，众多企业不断加强自身的反腐败合规体系建设。

此外，《量刑指南》在2010年再次被修订，此次修订虽然不如2004年般大刀阔斧，但强调了合规官的独立性，也对企业合规体系建设产生了不小的影响。

第四节　美国合规体系的全球化

自 20 世纪 90 年代以前，合规一直在美国发展演变，在其他国家和地区尚属新鲜事物。然而，大量美国的跨国公司在开展海外运营时仍然受到美国政府部门的监管；同时，其他国家的跨国公司如果在美国上市、向美国市场出口，或者利用美国的通信、金融渠道开展业务活动等，也会受到美国政府的监管。通过以上渠道，美国政府将其国内的合规标准和要求投射到与其发生经济联系的各个国家和地区，实现其合规体系的全球化。与此同时，美国企业所要遵循的合规标准较高，需要花费大量的合规成本，因此，在与来自合规要求较低国家和地区的企业进行竞争时，短期内往往处于劣势。因此，美国也致力于将其合规体系推向全球，推动不同国家和地区建立统一的合规标准，以改善全球公平竞争的合规大环境。

事实证明，美国的上述主观努力和客观实力确实在很大程度上推动了全球合规标准的统一化和美国化。20 世纪 90 年代以后，很多发达国家甚至发展中国家逐步跟上了美国合规发展的步伐，借鉴美国的合规理念和合规制度，并结合国情，出台了本国的合规规范性文件，促使本国企业加强合规体系建设。此外，在美国和其他国家的推动下，很多国际组织也参考美国合规制度，出台了自身的企业合规标准，力求在成员之间实现合规标准的统一和提高。

（一）合规在美国以外的发展

受美国影响，加拿大竞争署于 1997 年推出了合规体系建设指南，澳大利亚标准局于 1998 年出台了合规体系建设的国家标准——《澳大利亚合规体系标准 AS3806》，并将其应用于若干法律领域。而意大利借鉴美国合规体系更为明显，其于 2001 年通过法令，规定在贪污贿赂案件中，可以将合规体系作为量刑的考虑因素之一，后来逐渐适用到其他领域的量刑。

继世纪之交上述少数国家推动本国合规立法之后，2006 年的西门子全球行贿案极大地推动了现代合规体系在全球范围内的发展。当时，德国西门子股份公司因涉嫌以商业贿赂获取交易机会，同时遭到美国政府和德国政府的调查，最终接受了 16 亿美元罚款等处罚。当调查机关意识到西门子公司非常配合调查，而且致力于改进其合规体系时，没有对其进一步处以更高数额的罚款。该案在当时引起全球跨国公司的震动，让它们深刻认识到了合规尤其是反腐败合规的重要性。该案同时也向各国展示了可以通过量刑立法设计调动企业配合调查和加强合规体系建设的积极性。此后，欧洲、亚洲与拉美地区开始重视合规。企业在合规标准要求更高的国家和地区进行投资或者交易时，往往更加注意合规体系建设，之后这些企业的母国也开始进行合规领域的立法。

其他国家合规立法比较有特色的是英国的《2010反贿赂法案》。该法案废除了判例法和成文法中关于贪污腐败的多种既有罪名，不区分公职贿赂与商业贿赂，将之统一归纳为行贿罪和受贿罪，同时还新设了贿赂外国公职人员罪和商业机构未有防范行贿罪。法案同时适用于发生在英国和海外的贿赂行为。对于海外个人而言，只要其代表英国机构行事，即使身处国外且没有得到任何来自英国的同意或者帮助，其行为仍然受法案管辖。而对于外国机构而言，只要该机构在英国有全部或部分业务，那么其行为就受到法案管辖。

对于企业而言，《2010年反贿赂法案》第7节规定的"商业机构未有防范行贿罪"尤其值得注意。如果与该商业机构相关的人员为商业机构从事业务过程中，以获取或保持业务或好处为目的贿赂他人，那么无论该贿赂发生在英国还是其他国家，该商业机构都构成"商业机构未有防范贿赂罪"。面对该罪名的指控，商业机构可以通过证明其具备完善的反腐败合规体系进行抗辩。

（二）合规在国际组织中的发展

除了各个主权国家的合规立法，联合国、经济合作与发展组织、世界银行等国际组织也制定了约束其成员的合规标准和要求，推动了全球合规体系的发展。

1. 经济合作与发展组织《跨国企业准则》

1976年，作为发达国家俱乐部的经济合作与发展组织制定了《跨国企业准则》（下称《准则》），由该组织加入国政府对在加入国境内或是以加入国为总部开展业务的跨国企业提出了共同建议，明确了符合法律及国际公认标准的商业行为原则，涵盖了环境、人权、信息披露、反腐败等领域。企业对《准则》的遵循出于自愿，而非法律强制。事实上，《准则》强调遵守国内法是企业的第一要务，建议企业在不违反国内法的范围内，最大限度地践行《准则》要求。

《准则》对跨国公司商业行为的一般建议是尊重人权和推动可持续发展，并促使合作伙伴达到同样标准。具体而言，《准则》从以下方面对跨国公司提出了要求：在信息披露方面，跨国公司应当定期披露关于其运行、组织结构、财务状况、经营状况、员工等方面的信息，并且保持高水平的财务和非财务报告工作。在人权方面，跨国公司应当制定并在经营管理中跟进实施尊重人权的政策，并消除企业侵犯人权的消极影响，而且，还必须敦促其合作伙伴同样尊重人权。在劳动用工方面，企业必须尊重工会的权利和集体谈判的权利，有效消除强迫劳动和童工现象，并推动雇佣和工作环境中的非歧视原则；企业必须为职工代表协商改善劳动条件，了解企业的经营、重组、清算状况提供信息；企业还应当在条件允许的范围内向员工尽可能多地支付报酬，并做好职业卫生和安全工作。在环境保护方面，企业应当采集和分析自身对环境产生影响的数据，及时向公众和员工通报自身影响环境的情况，并加强对员工的环境保护培训。在反腐败方面，企业应当加强内部控制和合规管理，以遏制腐败现象。在消费者保护方面，企业的产品应当满足法定的卫生和安全标准，为消费者决策提供必要信息，不能欺骗消费者，同时还要为消费者提供司法以外的纠纷解决体制。此外，企业应当尽力遵循运营地政府的科技政策，并和当地研发部门合作，不得从事不正当竞争，依法及时纳税等。

2. 联合国全球契约

联合国全球契约组织于2000年正式成立，是全球最大的企业公民行动倡议，目前已有一万多家企业成员。该组织倡导企业成员实施贯彻覆盖人权、劳工、环境保护和反腐败等方面的十项基本原则，即"联合国全球契约十项原则"。值得一提的是，不同于美国《反海外腐败法》等法律法规，该组织及其所倡导的原则不构成强制性监管，而是基于自愿的企业公民意识倡议。

联合国全球契约组织对申请加入的企业进行全球数据库审查，如果发现其正在接受联合国或者其他国际金融机构的制裁，那么将拒绝该企业加入。该组织还设立了评估与检验制度（COP），要求企业成员提交关于继续支持全球契约各项原则和计划的声明、关于具体实践的描述以及衡量实践结果的标准。新成员必须在加入后一年内提交COP报告，否则将面临被取消会员资格的风险。加入联合国全球契约组织，一方面能够反映企业在承担社会责任方面的优秀表现和示范作用，另一方面也可以督促企业在人权、劳工、环保和反腐败等方面对标国际先进水平，进一步完善自身的合规体系。

3. 世界银行集团《诚信合规指南》

《世界银行关于预防和打击国际复兴开发银行贷款和国际开发协会信贷及赠款资助项目中腐败行为的指导方针》中规定，世界银行可以对参与世界银行资助项目，从事欺诈、腐败、共谋、胁迫或妨碍行为的个人和实体进行制裁。世界银行规定的制裁包括谴责信、制裁或永久制裁、有条件解除的制裁、有条件的免于制裁等。前述制裁中的"条件"，一般是指建立符合世界银行标准的合规管理体系。鉴于此，世界银行于2010年制定了《诚信合规指南》（下称《指南》），以指导被制裁企业建立满足世界银行要求的合规体系，从而争取解除、免予或者提前终止制裁。《指南》首先要求企业通过行为准则或者类似文件，明确被禁止行为的种类和范围，尤其要关注企业高风险业务板块。按照世行的合规要求，被禁止的行为主要包括欺诈、腐败、共谋和强迫等。然后，《指南》分别为董事会、管理层和普通员工界定了其在合规体系建设中的主体职责。在合规体系建设流程方面，在合规体系建设初期，《指南》要求企业管理层综合考虑企业实际情况，评估企业在欺诈、腐败等方面的风险，确保合规体系建设有的放矢。之后要对企业风险进行持续评估，当发现企业现有合规体系不足以应对违规风险，或者未能充分反映外部合规要求时，企业应当及时更新完善自身合规体系。《指南》旨在遏制欺诈、腐败等失信行为,所以对企业自身行为列举了八个相关领域作为其合规体系建设的重点。值得关注的是,《指南》要求企业将诚信合规义务延伸到商业伙伴,并提出了系统要求。对于合规风险易发的财务、合同、决策等环节,《指南》强调通过加强企业内部控制降低风险。最后,《指南》还全面规定了合规培训、合规奖励、违规举报等合规体系运行的多种配套保障机制。

4. 国际标准化组织ISO19600《合规管理体系指南》

2014年,在借鉴澳大利亚合规标准的基础上,国际标准化组织制定并公布了ISO19600《合规管理体系指南》,其可以为建立、发展、执行、评估、维护和改进有效的合规管理体系提供指导,适用于所有类型的组织。不同的组织可以根据自身的规模、结构、性质和复杂程度来选择性地适用《指南》中的部分条款。

《指南》覆盖以下主题领域:了解合规管理体系的范围和背景;预知关键定义;考察组织领导阶层发挥的决定性作用;了解合规义务的起源;将合规作为风险控制的工具;如何建立合规目标;通过培训增强员工合规意识建立强大的合规文化;如何制定有效的沟通交流制度并建立文档;通过建立以管理为主导的控制标准实现合规管理体系的组织所有权;如何实现对合规框架有效性的最佳监控;采取何种必要措施,保证合规计划的持续改进。

《指南》涉及内容主要框架为组织环境(了解组织及其环境,了解相关方的需求和期望,确定合规管理体系的范围,合规管理体系和良好治理原则,合规义务,识别、分析和评估合规风险)、领导力(领导力和承诺,合规政策,组织角色、职责和权限)、计划(解决合规风险的行动,合规目标和实现计划)、支持(资源、能力和培训,意识,沟通,文件化信息)、运行(运行计划和控制,建立控制措施和程序,外包流程)、效果评价(监控、衡量、分析和评价,审计,管理层评审)、改进(不符合性、不合规和纠正措施,持续改进)。《指南》还规定了合规体系建设的五步法:第一步是识别和评估合规风险;第二步是建立合规制度;第三步是强化合规职责;第四步是合规管理效果评估;第五步是改进合规管理体系。

国际组织的合规标准不仅限于以上重点介绍的四项,还包括经济合作与发展组织于2010年发布的《内控、道德与合规良好行为指引》、亚洲太平洋经济合作组织于2014年发布的《有效和自愿的公司合规项目基本要素》、巴塞尔银行监管委员会于2005年发布的《合规与银行内部合规部门》高级文件等。其中国际标准化组织ISO19600《合规管理体系指南》和巴塞尔银行《合规与银行内部合规部门》高级文件更是对中国国内合规发展产生了深远影响,成为中国相关合规规范性文件的蓝本。

(三)全球合规发展的趋势

梳理合规在美国乃至全球范围内的发展历程,可以看出,企业的重大违规行为虽然对经济社会发展产生了负面影响，但反过来也是企业合规尤其是合规早期发展的第一推手，一部合规发展史，就是一部企业违规行为的应对矫正史。虽然世界各国合规发展的进程有快有慢，不同国际组织的合规要求也不尽相同，但纵览合规百年发展史，可以从中总结出合规发展的基本态势和一般规律。

1. 由具体领域合规发展为全面合规

现代企业合规经历了从具体领域合规发展为全面合规体系建设的过程。合规发轫于20世纪初美国的食品、药品安全监管，之后五六十年代垄断现象频发促使反垄断合规体系出现，70年代的水门事件和企业海外贿赂丑闻直接催生了《反海外腐败法》，而80年代的内幕交易、国防供应欺诈、环境污染等问题进一步推动各个问题领域合规体系的发展。事实上，反腐败合规在企业合规中的地位如此重要，以至于狭义的合规一般就是指反腐败合规。然而从1991年《针对机构实体联邦量刑指南》开始，企业不再只关注某个具体领域的合规，而是着眼于企业经营管理所涉及的各领域，全面识别和防范各方面的法律风险，建设全面合规体系。

2. 由国内合规发展到全球合规

现代企业合规还呈现出从只遵守国内法律法规到还要接受外国政府和国际组织监管的特点。在跨国公司尚未兴起的时代，一家企业只需要关注本国的法律制度和监管框架，着手进行合规体系建设。然而，伴随着经济全球化，越来越多的企业走出国门，在其他国家和地区进行投资、交易，因而势必受到所在国家和地区法律法规的约束。而且，美国等发达国家凭借其强大的综合国力，赋予其众多国内法域外适用效力。外国企业只要与这些国家发生一定程度的联系，就要受到该国政府的监管。

除了外国法律法规，国际组织的合规标准也对企业产生了直接或间接的影响。掌握较多资源和制裁措施的国际组织，其制定的合规标准会对企业更具强制力。由于世界银行集团（WBG）有权禁止有欺诈腐败行为的主体参与世行资助项目，并且将具备符合标准的合规体系作为解除制裁的条件之一，其制定的《诚信合规指南》自然会被众多加强合规体系建设的受制裁企业奉为圭臬。再比如，国际检测认证理事会（TIC）的成员可以获得某些优质项目的投标资格，所以该组织的合规标准和要求会被每一家期待加入该组织的企业认真研究和严格遵循。而不具备上述条件的国际组织，其合规标准可能只具有指导和参考的意义。

3. 由被动合规发展为主动合规

合规还经历了从企业迫于监管压力被动搭建合规体系到企业深刻认识合规价值从而主动加强合规体系建设的过程。由于各国法律监管框架逐步完善，各国尤其是以美国为首的发达国家对企业腐败等违规行为采取零容忍的态度，一经查实，动辄处以数千万元、数亿元乃至更高额的罚款，同时还追究企业主管人员和直接责任人员的法律责任。企业作为理性经济人，为减少违规行为和出现违规导致的上述严重法律责任后果，继续生存和发展，不得不加强合规体系建设。随着世界各地交流的日益频繁，各个国家、国际组织和企业借鉴世界范围内合规体系建设的先进经验和成熟做法，结合自身实际情况，推动了合规体系的不断深入发展。合规从早期的零敲碎打，不断精细化、系统化和规范化，融入了企业日常业务流程，为企业管理层、经理层和普通员工定岗定责，深入反腐败、反洗钱、数据保护、出口管制等诸多重点领域，涵盖企业财务、决策等各个关键环节，借鉴了管理学的智力成果。此时，企业按照高标准建设合规体系，不仅能够减少违规风险、减轻违规责任，而且可以提升企业管理效率和水平，在外部赢得市场与美誉，在内部涵养合规文化，从而全方位提升企业市场竞争力，实现长远健康发展。在充分理解"合规创造价值"的内涵后，企业的心态逐渐从"要我合规"转变为"我要合规"，以更加积极主动的姿态加强自身合规体系的建设。

第五节 合规在中国的发展

合规的要义是遵守规则。遵守规则的思想我国自古就有，所谓"没有规矩，不成方圆"。在商业领域，我国古代著名的大商人如子贡、陶朱公、胡雪岩等，有影响力的商帮如晋商、徽商等，无不以信义、诚信作为经营之本。但是现代合规理念和合规标准确实属于舶来品，最近十几年才逐渐受到国内企业的关注。改革开放以后我国合规的演变发展大致可以分为三个阶段：第一阶段是改革开放到21世纪以前，以"反腐败"为核心的刑事、行政监管为主，此时"合规"概念尚未被提出，企业合规体系建设处于混沌状态；第二阶段是2000年到2016年，银行、保险和证券三个高风险金融行业率先建立起比较完善的合规体系；第三阶段是2016年以后，"大合规"的概念被提出，开始注重全行业全面合规体系建设。

一、反腐败合规

21世纪以前，源于美国的"合规"概念，在国内甚少使用。但是，反腐败作为长久以来困扰企业的问题，一直是我国立法的重要内容。而国有企业作为我国国民经济的重要支撑，其反腐败工作尤其受到重视。改革开放初期的国企反腐败工作主要呈现以下三个特点：一是国家从刑事犯罪层面严厉打击受贿行为；二是禁止企业进行商业贿赂；三是国企开始进行廉洁文化建设。

（一）受贿罪

打击经济领域犯罪活动，确保改革开放顺利推进，是1978年以后反腐败斗争的重点。早在1979年，中华人民共和国成立后的第一部刑法就设置了"受贿罪"。1982年，全国人大常委会颁布了《关于严惩严重破坏经济的罪犯的决定》，对刑法中的受贿罪做了修改和补充。其中规定，对于包括国有企业员工在内的所有国家工作人员，"索取、收受贿赂……情节特别严重的，处无期徒刑或者死刑"。在受贿索贿现象比较严重的时代背景下，刑法中受贿罪的严厉规定，对国企相关的腐败行为起到了一定的遏制作用。

（二）商业贿赂

治理商业贿赂，是党风廉政建设和反腐败工作的重要任务。1993年颁布的《反不正当竞争法》（2017年修正）首次在法律层面明确禁止商业贿赂行为，其中第8条规定，"经营者不得采用财物或者其他手段进行贿赂以销售或者购买商品。在账外暗中给予对方单位或者个人回扣的，以行贿论处；对方单位或者个人在账外暗中收受回扣的，以受贿论处"。第22条规定了对商业贿赂行为的处罚，"经营者采用财物或者其他手段进行贿赂以销售或者购买商品，构成犯罪的，依法追究刑事责任；不构成犯罪的，监督检查部门可以根据情节处以一万元以上二十万元以下的罚款，有违法所得的，予以没收"。

随后，国家工商行政监督管理总局于1996年发布《关于禁止商业贿赂行为的暂行规定》，对商业贿赂的内涵与外延做出具体规定，从而为工商行政管理机关查处商业贿赂行为提供了执法依据。

（三）廉洁文化建设

1978年到20世纪末是国有企业廉洁发展的革新阶段。在改革开放以前，国企的反腐工作取决于国家政策，处于"国家控制企业"的行政主导模式。改革开放后，公有制企业的发展方向，在以国家政策调节为主的同时，也逐渐实现自我调节和发展，并且开始注重廉洁文化建设。国有企业逐步引进先进的管理体系，运用领导负责、企业承包、工作人员应聘等策略，摆脱了过去公有制时期集体工作与分配的模式。在此过程中，为响应党中央反腐号召，国企开始提倡发扬企业自身在发展历程中的优良传统。国有企业的廉洁文化建设成为反腐工作中的重要内容。

二、金融行业合规体系建设

与发达国家类似，我国金融业较早进行了合规体系建设。这是因为，金融业涉及高杠杆、高风险业务，容易发生内幕交易、财务造假等严重违规行为，面临较大的监管压力。在全球化背景下，各国金融机构联系密切，单个机构出现问题可能引发整个金融行业的风险，甚至酿成金融危机。因此，我国金融行业最早与国际接轨，将合规理念与合规标准移植到国内。

尽管我国行政监管层面直到2006年才提出关于金融企业的合规体系建设要求，但金融企业的合规实践在此前几年就已经出现。2001年10月，中国银行（香港）有限公司设立"法律与合规部",将合归纳入法律部门的工作范围。次年,中国银行将其总部法律事务部更名为"法律与合规部",增加其合规管理职能,迈出了境内银行合规管理的第一步。此后,中国建设银行于2003年年初在总行法律事业部下设合规处,中国工商银行在2004年设立了内部控制合规部,国内各大银行纷纷进入合规管理探索阶段。

自2006年起,中国银行业监督管理委员会、中国保险监督管理委员会、中国证券监督管理委员会参考巴塞尔银行《合规与银行内部合规部门》高级文件,相继发布合规管理指引,我国的金融行业正式进入了全面合规体系建设时代。

(一)银行业合规体系建设

2005年11月,上海银监局下发了《上海银行业金融机构合规管理风险机制建设的指导意见》,要求上海法人银行和商业银行以及其他银行业金融机构分别于2005年、2006年年底前设立独立的合规部门。这是我国金融监管机构出台的第一份有关合规管理的文件,银行业率先进入合规体系建设阶段。

2006年10月,中国银监会发布了《商业银行合规风险管理指引》,提出加强商业银行的合规管理。该指引规定,合规就是让商业银行的经营活动与法律、规则和准则相一致。该指引还指出,合规管理是商业银行一项核心的风险管理活动,要求加强合规文化建设,明确合规基调,推行诚信与正直的职业操守和价值观念,建立合规风险管理体系、合规绩效考核制度、合规问责制度和诚信举报制度等。《商业银行合规风险管理指引》为国内银行组建合规部门、构建全面合规体系提供了制度依据和行动指南,大大推动了国内银行的合规发展进程。

(二)保险业合规管理

与银行业类似,我国保险业合规发展也呈现出"实践先行"的特点。2004年,中国平安保险(集团)股份有限公司率先成立了法律与合规部门,在国内保险业开启了合规实践探索。其后,中国人保控股公司、中国人寿保险公司、长城人寿保险公司等也先后设立了法律合规部门。我国保险行业的合规实践开始与国际接轨。

在制度层面,中国保监会于2006年1月发布了《关于规范保险公司治理结构的指导意见(试行)》。该指导意见首次提出:保险公司董事应当对"合规""内部控制"等承担最终责任;保险公司应当设立合规负责人职位,并设立合规管理部门。该指导意见的主要内容与巴塞尔银行《合规与银行内部合规部门》高级文件强调的合规原则相一致,与国际化合规理念相契合。

2007年9月,中国保监会正式发布《保险公司合规管理指引》,要求保险行业自2008年1月1日起开展合规体系建设。指引明确了保险公司应当设立合规负责人及合规管理部门,每年对合规政策进行评估,并在合规部门与风险管理部门之间建立协作机制。该指引有力地推动了我国保险公司治理结构、风险管理和内部控制的发展。

（三）证券业合规管理

2007年以前，国内大多数证券公司在合规组织和合规制度建设方面都相对落后，合规体系不太健全。2007年4月，中国证监会下发了《关于指导证券公司设立合规总监建立合规管理制度的试点工作方案》，证券公司的合规体系建设工作正式启动。2008年6月，国务院《证券公司监督管理条例》首次以行政法规的形式要求证券公司设立合规负责人。同年7月，中国证监会出台了《证券公司合规管理试行规定》，指出证券公司全体工作人员都应当对自身行为的合规性负责，并在其职责范围内对公司合规管理的有效性承担责任。上述系列规范性文件为国内证券公司合规体系的完善提供了指引。

三、进入大合规时代

（一）合规监管压力不断加大

与全球背景下合规的发展规律相一致，我国的合规也经历了从具体领域合规发展为全面合规体系建设的过程。而且，我国的全面合规体系建设在很大程度上迫于国内外监管压力，尤其是美国政府的域外管辖。

从国内来看，在产品质量领域，在2018年长春长生疫苗造假案中，国家市场监督管理总局在整改意见中提到，相关疫苗问题处罚偏轻，失察失责，最终该企业被顶格罚款人民币91亿元、吊销药品生产许可证，多名高管被批捕入狱，上市公司也面临重大违法退市风险；在金融行业，从2017年到2018年，银保监会处罚违规银行、保险机构近6000家，处罚相关责任人7000多人次，禁止一定期限乃至终身进入银行保险业的人员300多人次，以遏制金融乱象。证监会也表示：将继续整合中央和地方派出机构力量，对市场操纵、内幕交易等各类违法行为进行查处和严惩；互联网行业发展快，很多层出不穷的新事物游走在违法边缘，也是国家监管的重点。

除了面临来自中国政府的合规监管压力，布局海外的企业在国外违规，也会受到外国政府和国际组织的调查和处罚。中国企业的合规体系总体而言不是很完善，更容易成为外国政府的执法重点。在反腐败领域，过去十年，美国一共在《反海外腐败法》项下执法159件，其中针对中国主体或者与中国相关的高达44件。最近五年，中兴通讯股份有限公司、华为技术有限公司等国内企业因为海外运营合规问题，连续遭遇美国政府的调查与处罚。2009年以来，受世界银行制裁的中国企业数量总体呈上升趋势，尤其是最近三年，被列入制裁名单的中国企业显著增多。2017年，国内受制裁企业数量达到21家，2018年激增到44家，而2019年仅前五个月，受制裁中国企业已经达到23家。中国企业海外运营面临的上述困境暴露出中国企业合规体系存在漏洞，防控合规风险尤其是海外运营合规风险能力薄弱等问题。此时，无论是局限于反腐败等具体领域的合规，还是局限于金融行业的合规，都已经无法应对我国不同行业企业在反腐败、反洗钱、证券舞弊、个人隐私与数据保护、知识产权、出口管制与经济制裁、劳动用工、经济制裁等各个领域可能遇到的合规风险。因此，企业需要培育企业合规文化，搭建企业合规组织框架，完善企业合规运行制度和合规保障机制，为企业内部不同层级、不同岗位的员工定岗定责，将合规融入企业的业务流程，防控企业在重点领域和关键环节的风险，以建设全面的合规体系，实现"大合规"。

（二）合规法律框架逐步完善

企业合规的重要义务来源是法律法规，没有完善的法律法规，社会发展无法可依，企业治理也无规可合。因此，我国法律体系尤其是围绕企业经营管理的法律法规的逐步完善，是企业加强自身合规管理的必要条件，也是外部驱动力。2011年3月10日，十一届全国人大四次会议第二次全体会议上宣布：中国特色社会主义法律体系已经形成。2012年以来，我国在学习国外先进立法和总结国内监管经验的基础上，持续推动中国特色社会主义法律体系进一步完善，与企业相关的各领域法律法规都逐步走向成熟和细致。如2019年的《外商投资法》取代了原来的《中外合资经营企业法》《中外合作经营企业法》《外资企业法》等。如果无法可依、无规可合，也就没有违规的概念和合规的必要；而在法律体系形成之后，企业就被纳入法治的轨道上，要逐渐摆脱之前野蛮生长的路径，实现经营管理的规范化和精细化。不了解法律不构成企业对违法指控的抗辩，因此，企业主动了解、学习和遵守法律就显得很有必要。

除了国内法律法规，外国尤其是美国的法律法规也逐渐构成我国企业合规法律框架的一部分。美国凭借其强大的综合国力，在《反海外腐败法》《萨班斯法案》《出口管制条例》等法律法规中都植入了域外适用条款，类似的英国《2010反贿赂法案》也有域外适用效力。中国企业一旦违反上述法律法规，可能面临巨额罚款、供应链切断等严重的法律后果。

除了"所合之规"的不断完善，我国的"合规之规"即合规体系标准，也为企业建设合规体系提供了指导。早在2006年到2008年，银监会、保监会和证监会就发布了金融行业的系列合规风险管理指引。2017年12月，国家质量监督检验检疫总局和国家标准化管理委员会联合发布《合规管理体系指南》（GB／T35770—2017），体现了国际一流的合规管理水准。

2018年11月，国资委发布了《中央企业合规管理指引（试行）》。该指引运用企业"大合规"的理念来指导和规范企业合规管理。其中第4条第1款，将"全面性原则"确立为企业合规管理的第一大原则，要求合规覆盖各业务领域，各层级（包括各部门、各级子企业和分支机构）和全体员工，以及全流程（包括决策、执行和监督）。指引对央企的合规管理提出了全面、系统、务实、严格的要求，成为中央企业合规体系建设的重要指南。

2018年12月，国家发展改革委、外交部、商务部、中国人民银行、国资委、外汇局、全国工商联等七部门联合印发了《企业境外经营合规管理指引》。该指引适用于对外贸易、境外投资、对外承包工程等"走出去"相关业务的中国境内企业及其境外子公司、分公司、代表机构等境外分支机构，并提出企业合规管理应遵守独立性、适用性和全面性三个原则。在具体内容上，指引为企业经营指明了四大方向，即对外贸易、境外投资、对外承包工程、境外日常经营。此外，指引在合规管理的目标和原则、合规管理架构、合规管理制度、合规管理运作机制、合规风险识别、评估与处置、合规评审与改进、合规文化建设等方面做出了具体规定。总体而言，指引进一步明确了企业各领域的合规问题，为企业提升境外运营合规水平奠定了规范基础。

（三）企业大力推进合规经营

面对逐步完善的合规法律框架和不断加大的外部合规压力，我国企业开始重视合规体系建设和诚信经营。在全面合规体系建设方面，央企起到了业内标杆和排头兵的作用。2016年，国资委指定了五家央企作为合规管理试点企业，包括：中国石油天然气集团有限公司、中国移动通信集团有限公司、招商局集团有限公司、中国东方电气集团有限公司、中国铁路工程集团有限公司。中石油将依法合规作为深化改革、持续发展的基本遵循，提出诚信合规是经营运营的底线和公司发展的基石；公司总部和地区企业强化重大事项、重大决策，特别是各项改革举措的合规论证审查；加强重点领域合规管理，强化"管业务必须管合规"的机制。中国移动正式启动了"合规护航计划"，明确了目标、原则、举措和实施保障，提出了四大方面的20项具体措施。公司还正式发布了《中国移动合规倡议书》，针对市场竞争、反商业贿赂、行政执法配合和信息安全等重点领域发布合规指南等。目前，上述五家央企的合规体系建设已基本完成并初见成效。2018年，中国中化集团有限公司、中国检验认证（集团）有限公司、华润医药集团有限公司、湖北中烟工业有限责任公司、雷沃重工股份有限公司等各自行业内的知名企业也陆续开展了合规体系建设。

值得一提的是，合规体系建设的一个重要方面是对供应商和业务伙伴提出合规要求，尽量与合规管理完善的企业进行合作和交易。如此，通过企业合规向业务伙伴的延伸，可以以点连线、由线到面，拉动更多的企业加强合规管理，形成整个企业界良好的合规风气。可以预见，在当前及未来一段时间内，随着内外部合规压力的不断传导，越来越多的企业会意识到合规体系建设的重要性，从而加入全面合规体系建设的队伍中。

（四）全面合规建设任重道远

国内外合规法律框架持续完善，监管压力不断加大，中国的企业只有具备完善的合规体系，才能避免遭受处罚，实现平稳运营。这是中国企业立足国内、走向海外的基本条件。然而，国内目前除了向总部合规水准看齐的外企合规管理相对比较完善，央企刚刚完成合规体系建设试点工作，仍处于起步阶段，而大部分国企和民企的合规体系建设尚未或将起步。总体而言，我国企业在合规体系建设方面还有很多工作要做，可谓任重道远。

首先，我国很多企业不够重视合规，缺乏合规文化。由于我国市场经济和法治环境尚不够完善，企业很难独善其身。我国不少企业的第一桶金或多或少都存在合规问题，企业家潜意识里可能认为，如果处处合规，企业无法走到今天。对合规不够重视，缺乏合规文化，企业管理层也就不愿意投入更多的资源进行合规管理。其次，国内企业如何搭建合规组织架构也是难点之一。跨国公司中比较普遍的首席合规官在我国几乎没有；很多企业也没有将合规视为单独的一项职能，而是与法务、审计、风控等混淆不清，遑论单独设立合规管理部门；而且，合规管理也缺乏足够的人员和资源配备。再次，国内企业一般也未能做到将合规要求融入业务流程，让合规成为企业习惯和日常。即使设立了合规管理部门，该部门如何与其他业务部门分工协作，形成合力也是问题。又次，面对种类繁多、不断更新的国内外规范性文件，很多企业并没有及时进行梳理总结，建立起完备的制度库。最后，如何对商业合作伙伴进行尽职调查和管理，如何鼓励和督促商业伙伴合规经营乃至建立合规体系，在我国也是难题。企业要建成有效的合规体系，并非一朝一夕之功；合规体系即使建成之后，也需要持续不断地维护、运行和更新。因此，我国企业的全面合规体系建设可谓任重而道远。

第二章 合规管理制度建设

第一节 企业合规管理制度概述

企业合规管理制度是企业与员工在生产经营活动中需要共同遵守的行为指引、规范和规定的总称,是企业合规管理的核心内容。企业合规管理制度可以通过两个标准进行分类:一是从层级上看,可以包括合规行为准则(Code of Conduct)、合规管理制度、合规业务指南/手册、合规管理工作流程等;二是从针对内容上看,主要包括反商业贿赂、反垄断、安全环保、产品质量、劳动用工、财务税收、知识产权、商业伙伴管理等。前者可以称为合规管理制度的框架,后者可以称为合规管理制度的内容。

合规管理制度相当于企业的"内部立法"。因此,应当秉持一定的原则或"立法精神"。具体而言,企业在建立合规管理制度时应牢牢抓住落实监管要求的底线,以经营风险为导向,制定切合实际、适度合理的制度,并保证易于员工获取和理解。

一、严格落实监管要求

企业制定合规管理制度的基本要求就是高度重视外部监管制度要求。事实上,合规管理制度的重要作用之一,就是将强制性监管要求内化为企业的行为规范,避免企业因为违规受到惩罚。因此,企业在制定合规管理制度时,首先要确定需要依照的外部监管制度,其次要将监管制度要求进行内化。

二、经营风险作为导向

针对企业经营风险开展合规制度建设是另一重要原则,也是建立有效合规管理制度的根本保证。企业应当充分识别重点风险领域,对应制定制度,并根据风险发生的可能性和影响的大小调整制度的层级和形式。特别是在建立合规管理制度的初始阶段,应避免全面铺开、大而全的方式,防止失去管控重点。例如:对于重大风险,应当设置更加严格的审批流程或设置提升审批级别的"触发点"。对于日常经营中会产生合规风险的、合规风险不高但多发的领域,可以有针对性地制定业务指南,为员工操作提供指引。

三、针对企业经营实际

"实事求是"是企业合规制度制定的重要原则。企业应当在宏观上充分了解经营所在国家和地区的政治、经济、文化、制度，中观上熟悉企业所在行业、市场、细分领域的客户需求，微观上立足企业的组织架构、经营规模、主营业务和发展方向。根据企业自身实际，识别合规义务、合规风险的重点领域，明确管控要求，最终体现在合规制度当中。

四、管控有效适度合理

合规管理制度：一是要精、要管用，不能脱离实用有效的要求。在制定制度的过程中，要对相关业务的流程和风险环节高度熟悉，同时要充分听取业务经办部门的意见。二是要与公司的业务规模相适应。合规制度的根本目的是为企业创造价值而非徒增成本、阻碍业务开展。因此，合规制度在数量和要求上要适当。同时，还要考虑制度的实际执行效果，避免提出脱离实际难以实现的要求，如在制度中规定对合作伙伴的过高要求或对员工过于苛刻的管理措施。这样的后果就是制度遭到或明或暗的抵制而无法得到执行。

五、易于获取通俗易懂

制度要得到遵守，首先要保证员工的充分了解。制度制定完成后，要采取适当方式，充分向员工公开、披露，保证员工能够迅速、充分地了解到相关内容。特别是生产类企业，一线员工较少接触到企业办公系统，就不能仅在公司OA系统中公开制度，而是要下发到车间班组。同时，制度要清晰明确、简洁易懂，保证员工能够充分理解。

第二节 合规管理制度的框架

如前所述，企业的合规管理制度可以划分为不同层级的规范性文件，具体应包括合规行为准则、合规管理办法、合规业务手册等。

一、合规行为准则：企业合规的"宪法"

合规行为准则（Code of Conduct）是企业合规管理制度架构中的首要内容，它奠定了企业合规管理的整体基调，也是企业对外梳理合规形象的重要媒介。合规行为准则整合了一系列行为指引，用以为公司雇员和任何代表公司行事主体的行为提供规范。从内容上看，企业的行为准则通常包括公司的价值观、公司与员工关系、HSE与产品质量、商务活动与市场竞争、政府与社区关系、公司财产和财务诚信等内容。目前跨国公司较为流行的趋势是在行为准则中加入政治捐赠、数据保护等内容。但无论如何，行为准则应当聚焦在企业最主要的潜在风险和最核心的合规要求上，这一点需要根据企业的行业特点等具体判断。

从形式上看，鉴于行为准则在企业合规管理制度架构中的重要地位，行为准则通常由企业最高领导人，如董事会主席或CEO签发，在公司官网"社会责任"板块公示，并在员工入职时发放纸质版。在行为准则的前言中，企业最高领导人通常会通过公开信的形式，简要介绍公司的合规政策、合规目标和愿景，并代表企业做出道德与合规承诺。同时，企业通常还会在手册中设置员工承诺书，要求全体员工签署并承诺遵守行为准则。此外，企业通常会在手册中注明合规的举报渠道，如人员、电话、邮箱等，便于员工对违规事项进行举报。

为提高实用性，行为准则贵在简明扼要、提纲挈领。行为准则无须更无法覆盖所有的合规内容，亦不旨在为员工提供各种情况下的合规指南。行为准则也通常会注明这一局限性，并要求员工在无法确定行为合规性的时候向相关部门或人员咨询，或提供相关部门的联系方式（通常为合规部、人力资源部或法律部等）。

企业还可以在行为指引的最后提供关键词检索表，便于员工使用，让员工在遇到类似的合规问题时乐于参阅指引。当然，也有一些优秀的做法是（如BP）在行为准则中通过简要的问答形式，为员工行为提供形象的指引。如"问：李明被邀请与竞争者共同参加一个会议，他觉得这次会议的交流可能达成价格一致协议，他是否应该参加？答：不应该。李明应该拒绝该项邀请，并就相关问题向合规部门报告"。

企业通常关心的问题是，如何能使行为准则真正地发挥作用，真正成为内部合规的指引，而非停留在纸面上。正如美国司法部的法律顾问所说：多数的企业都有非常好的"纸面规定"，但是没有将这些制度在实践中应用，这样它们总是会遇到麻烦。实践中，推荐的做法是将指引在企业内部广为印发，并在公司官网上发布，保证全体员工能够顺利获取；如果行为准则有对第三方合作伙伴的要求，则要保证合作伙伴也能够顺利获取。对于跨国公司而言，还应根据业务覆盖的国家和地区以及雇员情况，印发多语种的版本。企业也可以考虑在电子版中搭配短视频，提高行为准则的可读性。最为重要的，是企业要真正执行行为准则的要求。如果准则就相关行为确定了原则和处分要求，那么这些要求必须被严格执行，让企业全员形成对制度的敬畏。

二、合规管理办法：重点领域的制度

行为准则仅仅是企业合规制度架构的第一步，企业还需要根据实际需求制定更加详尽的合规管理政策、制度和流程。这些政策、制度和流程通常是对主要合规风险，特别是监管风险的回应。因此，合规制度的重要任务就是将外部监管的要求内化为企业的内部规定。

笔者建议，企业首先应当制定纲领性的合规管理办法，对企业合规的总体原则和要求、机构职责划分、合规管理重点、合规管理运行机制、合规管理保障机制等进行规定。同时，多数企业也会依照监管要求，在各个细分领域规定合规管理办法，如反腐败/商业贿赂、反垄断、数据保护、反洗钱、出口管制等领域的管理办法。

企业可能会有这样的疑问，我们的合规管理办法是否充足？按照笔者的经验：集团类企业的总部在仅承担管理职能的情况下，制度就会有100项左右；而生产型企业则会制定更加详细的管理制度，数百项也司空见惯。研究表明，制度过多或过少都会导致企业违规行为的增加。如果合规制度过少，则必然导致合规风险无法被全面覆盖；而过多的管理制度不仅会给企业的经营带来沉重的负担，还会导致员工出现抵触情绪。此外，制度要得到实施，必须确保相关的法则得到有效的实施。制度越多，则企业花费在监督和执纪问责上的精力就越多，可能导致管控疏漏，制度无法得到真正的贯彻。

合规制度应当确立清晰且能够实现的目标。如果设立的目标过于苛刻而无法达成，员工会更倾向于忽视制度要求。同样，如果制度的要求过低，则员工会失去进取的积极性。较为合理的做法是设立易于达到的目标作为底线，并鼓励员工追求更高的目标。同时，企业必须保证制度的目标不低于法律、法规和外部监管机构对企业的要求。

优秀的合规制度应当将上至CEO下至基层员工的权责进行清晰划定。每项制度都应当确定明确的要求对象，并明确相关对象可能承担的责任。如果权责划定不清晰，则容易造成互相推诿，无视制度；而权责清晰的制度则能够做到事事有人管、人人都管事。

三、合规业务手册：关键领域的细则

在制定了合规管理制度后，企业还应该就重点合规领域制订合规业务手册。一份良好的合规手册不仅能帮助员工更好地理解企业的合规要求，还能就合规的流程及具体操作提供指南。实践中，企业的合规业务手册通常集中在管理层履职、反商业贿赂、数据保护与网络安全、贸易合规与出口管制、利益冲突与关联交易、商业伙伴管理等领域。

与合规制度不同，合规手册需要对具体的操作事项提供指引。例如，在国际金融公司与深交所联合撰写的《有效董事会——董事手册》中，对如何建立董事会、独立董事的要求、董事长和董秘的任职资格和职权、董事的权利／义务／责任、董事会专门委员会的必要性和种类、董事会会议的召开等内容进行了详细描述。在向某中央企业出具的《出口管制和经济制裁合规指引》中，我们提供了详细的合规自我评估清单，并描述了如何建立涵盖整个流程的出口合规审查，包括管辖权确立以及物项是否受限于出口管制法律管辖，设计内部流程图，进行核查、审查以及解决漏洞的程序，对交易方和交易活动的审查，以及如何进行合规培训、如何保存合规记录、如何进行合规监督和审计评估、如何处理和报告违规行为进行了详尽描述。

同时，笔者还建议，企业针对经济制裁和出口管制、反商业贿赂、争议解决、保密义务、不可抗力、反洗钱等常见法律问题制定格式条款，便于在草拟合同时使用。

第三节 合规管理制度的内容

如前所述，多数企业依照不同内容，在各个细分领域规定合规管理办法，如反腐败、商业贿赂、反垄断、数据保护、反洗钱、出口管制等领域的管理办法。在这一点上，国内企业与跨国公司的制度模式存在一定区别。国内企业通常采取"准立法"的方式，采取章节、条目的方式，拟定相关制度；而跨国公司则往往采取模块化的形式，为员工提供行为指引。例如，某跨国公司的利益冲突制度就分为制度介绍、制度定义、如何避免和管理利益冲突、披露流程、管理流程、报告流程等不同模块，采取类似操作指南的方式提供行为指引。

一、反商业贿赂与反腐败

反商业贿赂与反腐败是现代企业在法治环境下合规经营不可避免的话题，也是企业开展合规体系建设所针对的主要风险点。我国的反商业贿赂法律规定主要集中在《中华人民共和国刑法》《中华人民共和国反不正当竞争法》、国家工商行政管理总局颁布的《关于禁止商业贿赂行为的暂行规定》中，而反腐败主要见于《国有企业领导人员廉洁从业若干规定》《关于国有企业领导人员违反廉洁自律"七项要求"政纪处分规定》《中央企业贯彻落实〈国有企业领导人员廉洁从业若干规定〉实施办法》等规范之中。

反海外商业贿赂与反腐败规定主要有美国的《反海外腐败法》、英国 2010 年的《反贿赂法》等相关国家的法律法规，还有可能包括世界银行等国际组织的反腐败要求。

商业贿赂与腐败通常产生于企业经营过程中，多在公职人员、交易对象身上发生，不仅涉及违反法律、法规和道德规范，甚至可能涉及刑事犯罪问题。同时，商业贿赂和腐败对企业的声誉将造成极大的负面影响，企业还有可能直接承担刑事责任。因此，反商业贿赂与反腐败往往是企业最为关注的合规问题。

国内企业在建立反商业贿赂和反腐败制度时，首先要明确针对的相关方要求：是针对国内监管机构的合规要求，还是海外监管机构的合规要求，抑或要符合世界银行等利益相关方的要求。不同的相关方将直接决定企业的制度内容，而企业需要完成的，就是将外部相关方要求内化成为企业内部规定。

反商业贿赂与反腐败在企业的合规制度中通常体现为合规管理办法和合规业务手册。例如，国内中央企业针对国资委相关要求制定的企业领导／员工廉洁从业规范应当包括如下内容：

企业应首先列明制度的义务来源，如"根据《关于国有企业领导人员违反廉洁自律'七项要求'政纪处分规定》《国有企业领导人员廉洁从业若干规定》《中央企业贯彻落实〈国有企业领导人员廉洁从业若干规定〉实施办法》等制度，制定本规定"，明确制度的适用范围，并对企业领导、员工提出纲领性的廉洁从业要求。

在制度的主体部分，企业应当列明违规类型和违规的具体表现。具体内容包括但不限于以下行为的内容和表现形式。

● 滥用职权、损害国有资产权益；

● 以权谋私以及损害本企业利益；

● 不正当行使经营管理权，侵害公共利益、企业利益；

● 违规职务消费；

● 违反作风建设，有违良好公共形象；

● 滥用人事任免权；

● 利用职务之便通过同业经营或关联交易为本人或特定关系人谋取利益；

● 为自己（互为对方）配偶、子女和特定关系人从事营利性经营活动提供便利；

● 违反在企业资产整合、引入战略投资者等过程中以权谋私的禁止性规定，擅自提供抵押、担保；

● 擅自将企业金融性资产委托他人管理投资；

● 利用企业上市或上市公司并购、重组、定向增发等过程中的内幕信息为本人或特定关系人谋取利益；

● 授意、指使、强令财会人员提供虚假财务报告，违规自行决定本级领导人员薪酬或者滥发补贴和奖金；

● 违反规定兼职领薪。

同时，企业还应当明确监督机制和违规处理方式。如相关内容应当列入领导年度述职述廉和民主评议的重要内容，主动报告可能产生利益冲突和合规风险的相关情况，主动配合经济责任审计，以及违规行为的处理方式。

鉴于商业贿赂与腐败是企业日常经营中多发的合规风险，企业还应该制定合规业务手册，作为关键领域的细则，指导企业员工合规履职。手册内容可以包括：

● 什么是商业贿赂；

● 判断是否构成商业贿赂的标准是什么；

● 支付现金／礼品／礼品券、回扣、虚假捐赠、餐饮娱乐、培训旅游、干股等商业贿赂的表现形式，以及如何认定具体行为是否构成商业贿赂；

● 商业贿赂可能引起的责任及处理方法。

（二）公司治理与管理层履职

公司治理的合规性主要体现在公司决策权力的划分与控制方面。企业需要通过建立合理的公司运营制度发挥管理人员的能动性，推动企业发展；同时，也需要对不同的权力加以制约和监管，确保企业运营过程中不出现违法违规行为。

股东、董事、监事、高级管理人员是企业运作过程中的核心。股东作为公司法人的投资人，最重要的合规义务是缴纳注册资本、不影响公司法人的独立人格、保证公司法人的独立经营。因此，股东的主要合规义务为股东身份必须符合法律法规规定；不得虚报注册资本、虚假出资或抽逃注册资本；不利用大股东权利损害公司、股东和其他人权益等。

公司董事、监事、高级管理人员作为公司运营的核心管理层，主要义务是按照法律、法规和公司制度规定行使权利。具体而言，董事、监事和高级管理人员任职必须符合法律法规关于身份的规定；严格按照公司章程行使董事权利、董事会权利；按照公司议事规则规定召集会议，提出议案，进行表决；履行勤勉尽职义务，不得违规进行关联交易谋取私利，或损害公司和股东利益。

在制度的表现形式上，公司治理主要表现为股东会、董事会、监事会的议事规则和管理层履职手册。对于国有企业和中央企业，还可以就"三重一大"等事项制订专门的制度指引。例如，企业应当制定董事会议事规则，对董事会组成、董事会的职责、董事会专门委员会的组成、董事会会议、决议程序、决议执行、董事／董事长的职责、董事会秘书和董事会办公室等内容进行规定。具体而言：

董事会的组成，企业应明确董事会的组成人数、任期，内外部董事、职工董事的人数以及董事长的设立。

董事会的职责，企业应明确董事会的职责，一般应包括决定公司的发展战略和规划、批准占公司净资产一定比例的投融资项目、批准一定额度的对外担保、制订公司年度预决算方案、制订增减资及债券发行方案、制订公司合并／分立／解散和变更的方案、聘任或解聘总经理等高级管理人员等。

董事会专门委员会，对于一定规模的公司，可能在董事会下设立提名委员会、战略投资委员会、薪酬考核委员会、审计风险委员会、合规委员会。委员会的定位通常为咨询、建议机构，不得以董事会的名义做出任何决议。公司应当明确专门委员会的内外部董事构成以及权限。

董事会会议，公司应明确董事会会议的类别和召开形式，包括召集、主持、议案的提出，董事的出席和表决等。公司还应明确相关议案上会前是否需要相关部门提供专业意见，以及对董事表决权的限制（如关联关系等）。

董事会决议、记录与执行，公司应当明确董事会决议做出的形式、存档、执行、监督、反馈机制等。

董事、董事长、董事会秘书职责，公司应当明确董事任职期间的权利和忠实义务、勤勉义务，以及可能造成损失的赔偿；明确董事长的工作职权；明确董事会秘书的任免方式等。

对于国有企业，还可以就重大决策事项、重要人事任免事项、重大项目安排事项和大额资金运作事项等"三重一大"事项进行专门规定。例如"三重一大"事项的具体内容、决策程序，以及党委、董事会就"三重一大"事项的决策安排等。

三、反垄断和反不正当竞争

对于具有一定规模的大型企业和行业领军企业而言，垄断和不正当竞争的风险较为突出。因此，大型跨国公司会专门制定反垄断相关的合规制度。例如，巴斯夫制定了包括禁止横向协议制度、限制纵向协议制度、限制滥用市场支配地位制度在内的全面反垄断制度。具体措施包括：

（一）反横向协议的具体措施

（1）禁止竞争者之间以避免或限制竞争为目的或具有此等效果的协议和协同行为，包括在价格、串通竞标、客户分配、销售或采购条款、生产或销售配额，或划分区域市场方面的协议；

（2）禁止通过一系列单方面声明（例如，意图引发竞争对手相同反应的涨价声明）造成协同行为；

（3）禁止竞争者（包括非独家经销商）之间进行任何直接或间接的信息交流，如客户、定价、成本、薪酬、销售条款、经销方式、市场份额、产量、竞标或战略（如商业和研究战略）方面的信息；

（4）在与竞争对手接触的过程中，必须确保不得接受也不得提供任何可以使人了解信息提供者现在或未来市场活动的信息；

（5）在横向协议中，无论当地是否存在反垄断法或当地法律是否更加宽松，巴斯夫在全球范围内都必须严格遵守欧洲反垄断法的规定。

（二）反纵向协议的具体措施

（1）核实交易准据法对纵向限制条款的规定，尤其是判断限制性安排合法性和有效性的标准；

（2）根据当地法律要求，综合考虑限制性安排持续时间的长短、强度的高低，以及所涉及各方的市场地位，视具体情况禁止或者审慎进行以下交易行为：

1）对客户自主设定价格进行限制；

2）在供应条件上对客户（选择）业务合作伙伴进行限制（区域、客户或应用限制）；

3）某些最优惠客户待遇条款；

4）独占性安排诸如独家采购或独家供应及不竞争。

（三）反滥用市场支配地位的具体措施

（1）考察交易准据法对市场支配地位的定义以及特定行为合法程度的确定；

（2）视个案的具体情况，按照当地法律禁止或者审慎进行以下交易行为：

1）无正当理由差别对待客户（禁止歧视）；

2）拒绝供应；

3）选择性供应；

4）强加不适当的购买/销售价格和条件，或无正当理由搭售额外的服务。

四、安全与环保

对于生产型企业，特别是能源、化工、冶金、机械等行业，安全环保是合规工作的重要内容。事实上，企业通常会通过"HSE"管理体系（Health，Safety，Environment）加强安全生产与环保领域的合规管理，并制定一整套的管理措施。例如，我们在此前的合规体系建设中，曾经汇总过某化工行业集团和冶金行业集团在安全环保领域的制度。

在我国，安全环保领域的外部规定较为健全，企业的主要做法为依照《中华人民共和国安全生产法》《中华人民共和国环境保护法》《中华人民共和国水污染防治法》《中华人民共和国职业病防治法》《安全生产培训管理办法》等法律、法规，以及《企业安全生产标准化基本规范》（GB/T33000—2016）等行业标准（依照具体行业各异），制定内部管理制度。地方政府还可能制定当地的安全生产管理规定，如《山东省安全生产条例》《山东省生产经营单位安全生产主体责任规定》（2018年修订版）等。

企业在合规管理方面也经常会制定更加具体、更具执行性的合规准则。准则可以分为外部影响和内部要求两个方面。例如，巴斯夫确立了环境、健康与劳动保护制度，并明确表示"巴斯夫致力于寻求可持续发展解决方案并积极承担经济、生态与社会责任。遵守保护人类和环境的法律法规，不让经济考量凌驾于安全、健康与环境保护之上。在产品和工艺上同样如此。每位员工在其工作范围内都应承担起保护自然资源和环境的责任"。巴斯夫保护环境和员工健康的具体措施包括：

在没有相关环境保护和职业健康与安全的法规或公司政策及规定的领域，员工必须依照常识做出决定，并在必要时征求主管的意见。

空气、水和土地只有经相关机构事先批准并在批准范围内方可用于工业目的。对于建设、运营、整修和扩大生产装置同样如此。

必须防止任何未经授权的物质排放。必须根据法律的要求处理废物。如果使用第三方服务处理废物，还应确保第三方亦遵守环保规定和公司标准。

不断改进生产流程和工艺，务求进一步降低对环境的影响和减少对健康的危害。

如果发生事故和故障，必须及时而全面地通知公司内相关部门，尽可能快速和准确地做出应急响应并采取措施控制损失。此外，这些部门必须立即与政府部门沟通，并提供法律要求的相关信息。必要时，负责环境保护的部门必须履行其警告及通报周边邻居的责任。

员工不得删略、迟延或不完整地报告事故和故障，同时禁止对善意报告此类事故的员工进行报复。除了外部影响外，企业也有可能确立工作场所健康安全维护的具体措施。例如，陶氏化学要求：

当发现不安全或危险的情况时，公司和员工有义务采取纠正措施。

在陶氏的工作地点、车辆或开展业务的场所中，绝不允许使用、携带或销售毒品、管制物质或涉毒器具。

在陶氏的工作地点和车辆中，绝不允许使用或携带酒精饮料，但某些事先获得许可的社交活动现场除外。

在当地法律允许的情况下，陶氏保留进行毒品和酒精测试的权利。

公司场所中禁止出现武器、枪械、弹药、爆炸物和燃烧设备。在某些地区，对于公司场所中禁止出现枪械的禁令，法律规定了有限的例外情况。

一旦发现任何潜在的暴力或对人员和财产有威胁的行为，员工要立即向主管或安全部门报告。

五、劳动用工与员工利益保护

除上述领域外，在跨国公司的合规制度中，企业应更加强调对员工的保护和尊重。因此，相关内容通常出现在合规准则的首要位置，以公司与员工关系、工作场所管理、员工利益保护等形式出现。

例如，BP在合规准则中确立了员工利益保护的相关内容，包括团队多元化和包容性促进制度、机会均等保障制度、工作场所骚扰禁止制度、个人信息保护制度。具体措施包括：

保障团队多元化和包容性。BP承诺尊重每位员工，鼓励员工报告并保证认真倾听；同时，尊重员工的文化差异。

保障机会均等。BP基于员工表现而非种族、肤色、国籍、宗教信仰、性别、年龄、性取向、性别认定、婚姻状况、残疾或任何其他受适用法律保护的个人特点来评价员工；同时，不允许攻击性的信息、贬损性的评论和不恰当的玩笑。

营造良好工作环境。BP协助创造没有任何形式骚扰的工作环境，绝不姑息和性相关的不恰当评论或任何其他性侵犯行为。

保护员工个人信息。BP尊重员工的个人隐私，对工作之外的员工生活不予干预，除非影响到BP的声誉或正当业务。同时，BP仅在需要有效经营或法律要求时使用员工的个人信息，个人信息将被标记为"保密"并以保密信息对待。

随着国内企业经营规模和水平的不断提升，对员工的尊重和维护也日渐被重视。例如，某大型中央企业就在其《诚信合规手册》中，将"公司与员工"作为首要内容，并明确提出员工是公司的宝贵资源和财富。公司尊重和维护员工权益，致力于促进员工的全面发展，实现员工个人价值与企业价值的共同提升，努力使企业发展成果惠及广大员工。具体内容相比海外跨国公司，更符合中国企业实际。

依法用工：遵循合法、公平、平等自愿、协商一致、诚实信用原则，与劳动者订立、履行、变更、解除或终止劳动合同，不允许聘用童工。

公平对待员工：为每一位员工提供平等机会，不因种族、民族、肤色、宗教、性别、国籍等，在招聘录用、薪酬福利、职业发展、奖励惩处等方面对员工差别对待。

尊重和保护员工权益：公司坚持以人为本，尊重和关爱员工，切实维护员工合法权益。依法按时足额向员工支付薪酬，依法为员工建立社会保险，保障员工依法享有的休息、休假权利，努力改善和提高员工福利待遇。公司完善职业培训制度，有计划地对员工进行职业培训，帮助员工提升职业技能。公司对从事特种作业的员工，在其上岗前进行培训，未经培训不安排上岗。公司不断完善民主管理、民主监督机制，充分听取员工意见和建议。制定涉及员工切身利益的规章制度和政策，应履行民主程序。

依法处理劳动争议：公司鼓励和引导员工以合法方式反映诉求。员工如有劳动关系方面的异议或疑问，可以自行或者通过工会组织向人事、法律等部门反映。发生劳动争议的，鼓励员工与公司协商解决，也可以通过法律途径解决。

第四节 企业合规管理的体系建设

新形势下，合规关系着国有企业健康的可持续发展，是企业经营成果的重要保障，是参与市场竞争的重要软实力。国有企业在贯彻新发展理念，推动高质量发展的过程中，既要做好"显功"，夯实国有经济在国民经济中的基础性地位，更要苦练"潜功"，坚持问题导向，拧紧合规风险防控的链条，建立健全合规管理体系，护航企业发展。

一、合规管理的由来及演进历程

合规管理肇始于美国银行业，20世纪30年代金融危机下的大萧条使美国监管者深刻地认识到防范重大风险，确保金融系统稳定的重要性，加强了对银行业的合规监管，倒逼各大银行纷纷强化合规管理，有力保障了"二战"后30年间美国银行业的稳定。20世纪70年代基于对"水门事件"中牵涉企业的各种违规和舞弊事件的反思，美国出台了《反海外腐败法》，到90年代《美国联邦量刑指南》明确把是否建立了"有效的合规机制"作为法院对企业定罪量刑的重要考量因素。2001年美国最大能源公司安然公司申请破产保护，其曝出的一系列背后的违规操作令人震惊，布什政府紧急出台《萨班斯-奥克斯利法案》为上市公司强化合规管理指明了方向。在美国范式的影响下，很多国家和国际组织都通过完善规则之治，加强行业监管，推进企业合规管理、完善内部治理。合规理念逐渐深入人心。

二、企业管理创新体制构建

首先，企业要成立管理创新工作领导小组，领导小组组长一般由公司最高领导担任，领导小组主要负责组织领导和统筹规划企业管理现代化创新工作；其次，要设立创新课题评审组，主要负责年度管理创新课题立项和课题成果的评审工作；最后，要设立管理创新办公室，主要负责制定发布企业管理现代化创新工作制度，以及日常的组织管理工作。

三、构建高效规范的合规管理流程体系

（一）建立前置性合规审查流程

将前置性合规审查作为经营决策、业务上线、对外签约的必经环节和重要依据，合规管理人员与业务部门人员组成虚拟工作团队，持续做好在市场营销、投资并购、

业务合作、客户服务、招标采购等业务领域的合规扫描和风险防控，实现对企业规章制度、重要决策、经济合同合规审查三个100%。

（二）建立良性对接监管流程

企业要转变管理观念，积极推动从被动应对监管向主动对接转变。充分发挥法务等合规管理部门在规则解读、立法建议、程序应用等方面的专业能力，以及业务条线在政策执行、条线资源的能力优势，推进业务发展紧跟监管要求。打造由法务部门牵头、各业务部门协同的一体化联动相应、全方位智慧外联的对接工作体系，定期走访各主管单位，主动汇报监管政策落实情况，积极反馈企业正当诉求，为企业争取更大的政策支持，推动形成新型"亲清"政商关系。

（三）建立合规督导和评价流程

法务等合规管理部门要充分发挥合规管理监督职能，定期对企业经营管理行为的合规性，各级员工对法律、法规、规则和准则的遵循情况进行巡查，综合评估并全面掌握企业合规管理水平，提出改进完善建议，督促改进提升。

（四）建立合规事件应急处置流程

制定合规事件应对预案，规范处理流程。一旦发生工商、物价、质检、环保等监管部门行政约谈、行政调查、行政处罚等事件，应第一时间做好接访并层层上报，法务部门要协同外聘律师做好现场对接，严格按照法定程序做好配合工作。合规管理委员会对重大合规事件要亲自部署、亲自过问、亲自协调、亲自督办，确保妥善处置。同时要建立合规事件案例数据库，做好总结提升，促进合规信息的沟通与共享。

四、构建企业管理创新体系的建议

（一）更新管理理念，满足时代发展需求

首先，经济新常态作为一定的经济变动形态，会为企业带来一定的影响，阻碍企业的融资等其他经济活动的实施。但是通过对其进行深入的分析不难发现，企业若想实现顺利融资，还需要加强提升自身在市场的竞争价值。所以从另一个角度上观察经济新常态可以发现，经济新常态也为企业经济结构变动带来了一定的正面影响，由此可见，经济新常态从一开始就具备了一定的利用功能。其次，企业若想促进经济管理理念的顺利更新，还需要解除现有被动发展趋势，在经济新常态背景下，深入分析全新的发展格局，从而获取一定的发展地位。

（二）高度重视创新成果的推广和应用

充分利用企业各类互联网和培训平台，在企业内部积极推广成果应用。加快建设"产、学、研、用"紧密结合的企业协同创新中心，加大知识产权保护和创新激励力度，

建设一批能迅速将知识、科研成果转化成产品，形成产业孵化基地，使先进的管理理念和方法起到引领和示范的作用，共享管理智慧。

（三）加强与企业其他管理体系的融合

探索建立市场化的创新方向选择机制和鼓励创新的风险分担、利益共享机制，推进协同创新和融合发展。从内部机制上，重点从体系建设、流程制定、规章制定、绩效考核等角度，多方协同构建促进新型管理手段研究、实施和总结，形成企业管理创新成果的完整体系，共同促进企业不断探索新式管理方法和创新渠道。

企业管理体系是一项非常复杂与烦琐的动态管控过程，它没有一成不变的管理模式，但是有一定可遵循的管理规律。违背了这些规律，就很有可能致使某些方面的管理失控和蒙受一定程度的经济损失，甚至于企业崩塌。企业管理体系是系统性的、严谨而权威性的、不断创新而符合企业实际发展运行的管理体系，它必须具有明确的战略目标和严密的组织结构，现实而可行的激励机制以及有效的融资策略。

第三章 合规管理保障机制

第一节 合规管理保障机制概述

一、合规管理保障机制的内涵

近年来,企业对合规管理越来越重视。随着国家监管政策趋严以及ISO19600《合规管理体系指南》的发布,大量企业纷纷开始建立和完善其合规管理体系。然而近几年,国内被处罚的企业中不乏已经建立自己合规管理体系的企业,究其原因在于其合规管理体系未能发挥其功能,即相关企业建立的合规管理体系并不是有效的体系。

笔者认为,合规管理体系是企业进行合规管理的基础,但体系建立以后的运行以及体系功能的实现尚需要充分的机制予以保障,而这些保障机制则是企业有效进行合规管理的前提。由于行业内对这些机制尚无统一的专业称谓,笔者在此暂且将这些机制统称为"合规管理保障机制"。与其就"合规管理保障机制"进行严格定义,毋宁说合规管理保障机制就是企业所采取的一系列旨在保障合规管理体系运行及功能实现的制度化的可执行措施。如果说企业合规管理体系是企业合规管理的骨架的话,合规管理保障机制就是附着于骨架之上的血肉,二者共同构成了整个企业合规管理躯干。

具体而言,合规管理保障机制主要包括以下三层内涵:

首先,合规管理保障机制的目的在于保障企业合规管理体系运行和功能的实现。并非企业所有的制度化机制都属于合规管理保障机制,与前述目的无关的机制不属于合规保障机制。例如,企业为了提高产品销量制定的针对销售人员的业绩奖励制度,其目的旨在激励销售人员、促进产品销售,因此单纯的业绩奖励制度并不属于合规管理保障机制。但实践中越来越多的企业会将对销售人员行为合规性的要求纳入对其的奖励制度之中,使得业绩奖励制度同时也具备了合规管理保障机制的性质。

其次,合规管理保障机制须是制度化的机制。所谓"制度化的机制"是指已经通过企业内部规则确定的普遍适用的机制。合规管理保障机制作为制度化的机制,就必然要求企业先要有通过制定规则的方式在企业内部确立保障合规管理体系运行和功能实现的机制，并在企业内部普遍适用该规则，保证凡是规则所规定事项均按照规则的规定进行处理。合规管理保障机制的这一内涵使之区别于企业内部就特定事项临时采取的应对或处理机制。例如，在合规风险事件发生后，企业内部临时决定采取的应急处置措施并不属于本章所述的合规管理保障机制，但企业为了应对潜在的合规风险事件就风险事件处理的主体、程序、工作模式等方面制定的应对管理办法，则属于合规管理保障机制。

最后，合规管理保障机制须是可执行的机制。上文已经提到，合规管理保障机制须是企业内部规则确立的机制，而规则的生命在于执行，合规管理保障机制的生命也在于通过机制的执行来实现合规管理体系的预期效果，否则将失去其存在的意义。我们在实践中也遇到过一些生产企业为了确保分销商的资信能力及行为合规性，在其分销商管理办法中规定了极为全面的材料审核和调查范围，甚至包括对象企业在特定时间段内的全部财务报表、业务合同、全部销售人员信息材料等。我们权且不论企业在选择分销商过程中还需要综合考察其他多方面因素，单就材料本身而言，生产企业就无法做到全面获取和审核。究其原因，除了分销商不愿主动提供和全面审核材料效率太低以外，还有部分小规模的分销商可能都未能制作和保存如此全面的材料。因此，实践中这样的规定看似全面却无法得到严格执行，最终取而代之的是各种没有统一标准的变通方式，反而不利于该生产企业控制分销商的风险。以此为例也可以看出，合规管理保障机制必须是具备客观实施可能性并符合商业惯例和效率要求的机制，否则将只是企业发布的一纸空文而已。

综合来看，企业所采取的措施只有符合上述内涵，才能构成本章所述的合规管理保障机制。本章下文也将以此为基础，就常见的企业合规管理保障机制以及如何建立有效的合规管理保障机制展开详细论述。

二、合规管理保障机制的分类

上文已经提到，合规管理保障机制系企业在合规管理实践中针对其自身可能面临或者正在面临的合规风险所采取的制度性措施。因此，我们在实践中接触到的特定企业的合规管理保障机制的实例往往带有浓厚的该企业的特色，这些特色可能源自企业性质的不同、企业所属行业的不同、企业规模的差异甚至有可能源自企业领导者个人性格的差异。

类型化研究一直是法学理论研究者和法律实践工作者最为青睐的一种方法，在多元化的合规管理保障机制层出不穷的背景之下，我们探讨合规管理保障机制，也离不开利用类型化研究的方法来剖析实践中各式各样的机制，这也是为什么对实践中存在的合规管理保障机制依据一定的标准进行分类成为从事企业合规业务的必然要求。

笔者结合自己从事企业合规业务的经验以及行业内的一些普遍认知，认为合规管理保障机制大致有以下几种主要的分类模式：

1. 依据其所处的合规管理体系运行环节不同，合规管理保障机制可以分为风险识别机制、风险防范机制、风险应对机制以及合规改进机制。企业合规管理体系的运行通常分为风险识别、风险防范、风险应对及合规改进这四个环节，每个环节均存在与该环节的功能相匹配的保障机制以保证该环节的功能充分发挥。例如，风险识别环节通常会要求企业建立全面的风险提示、风险教育和风险咨询机制，以保证企业的管理者或员工能够及时了解和发现企业经营活动中的风险点，从而规避风险。而在风险防范环节，企业则通常会设置常规性事务以及重大事项合规性审查机制，以在事前将风险点进行排除或使之最小化。这种分类模式的意义在于能够帮助企业或者合规业务从业者将企业合规管理体系运行环节的需求与特定保障机制的功能迅速进行匹配，减少企业合规管理过程中的盲区，提高合规管理的效率。

2. 依据其所针对的风险来源不同，可以分为外部合规风险管理保障机制和内部合规风险管理保障机制。企业的合规风险可能来源于其内部，如企业自身管理漏洞或员工行为失当可能引发企业内部合规风险；同时，企业外部的一些因素也可能引发企业的合规风险，如行业监管政策的变化或者商业合作伙伴的行为均属于可能引发企业合规风险的外部因素。而企业针对这两类不同来源的合规风险所设置的合规管理保障机制也应存在不同。针对企业内部合规风险的保障机制通常只在公司内部施行，其实现仅依赖于内部管理者及员工的严格执行，而针对企业外部合规风险设置的保障机制的实现，则很大程度上依赖于企业所处的市场环境、企业市场地位以及商业合作伙伴的配合，甚至政治和经济环境等诸多不确定的因素，因此，后者的实现难度通常更大。这种分类模式有助于企业在进行合规管理的过程中能够依据风险的来源判断合规风险管理的难易程度，进而合理地分配企业合规管理资源，协调合规管理的力度。

3. 依据其所针对的风险发生的紧急程度不同，可分为基础机制、增强机制和特别机制。基础机制主要指针对行业内或者企业内普遍存在的合规风险而设置的保障机制；增强机制指企业针对其合规管理体系中存在的潜在风险，在基础机制之上进行强化的机制；特别机制则指的是合规危机可能立即发生或已经发生的情况下，企业为了降低危机不利影响而采取的应急机制。以一家医药商业企业为例，其所在行业普遍在药品营销环节存在商业贿赂风险，因此该企业针对药品营销设置的反商业贿赂机制属于合规管理保障的基础机制；但其在合规风险识别的过程中发现，在基础机制执行的过程中仍有发生商业贿赂的潜在风险，进而采取的加大商业贿赂处罚力度或者提高合规营销行为的奖励程度的机制，则属于增强机制；若该企业在其药品营销过程中因商业贿赂问题引发的危机就应对监管机关调查、危机公关等问题设置了应急机制，则该机制当属于前述的特别机制。这种分类模式并不常见，但是具有很重要的实际意义。根据该模式，企业合规管理首先应当具备基础机制，即针对行业或企业存在的普遍风险做出回应，其次循序渐进，就潜在风险以及危机事项逐步设置保障机制。它有利于指导企业在合规管理过程中分清基础性工作及增强性工作，优化合规管理工作方案，促使企业优先奠定企业合规管理的基础。

以上只是实践中几种比较典型的对实践指导意义较大的合规管理保障措施的分类模式，关于其他分类模式，本书可能在其他章节亦会论及。但无论是哪一种分类模式，都只是从某个特定角度对不同合规管理保障机制的划分，最重要的是该分类模式对于企业合规管理的实践指导意义。

三、合规管理保障机制的常见形式

本章所述合规管理保障机制的形式是指实践中企业所采取的各种不同的、具体用以保障合规管理体系运行的机制。如前文所述，我们正处于多元化的合规管理保障机制层出不穷的背景之下，也即合规管理保障机制的形式层出不穷，同一类别的合规管理保障机制可能呈现不同的形式。本章以下几节将围绕实践中常见的几种合规管理保障机制，如合规培训机制、日常咨询机制、举报制度、内部合规调查制度、考核机制、商业合作伙伴管理机制、合规改进机制等，就其具体内容或要求等事项进行详细论述。

第二节 合规文化的构建机制

一、企业合规文化的内涵

企业的文化是该企业长期传承、沉淀的行为规范、思维方式和价值观念。企业文化对企业的合规管理体系的运行也存在着深远的影响，如果企业没有与企业合规管理理念相一致的企业文化，则企业合规管理体系就只能停留在制度设计层面，无法实现真正的运行。因此，本书在论及企业合规管理保障机制时，首先要详细探讨的便是企业合规文化的构建机制。

在国内外监管机构愈发重视企业合规的背景和趋势下，企业合规文化构建对企业的意义自不必多言，它就如同企业合规管理体系运行的润滑剂，促进各个环节的顺利运行。如何构建企业的合规文化目前成为多数企业实际关注的问题。笔者认为，概括而言，企业合规文化构建就是一种通过认可合规以及与合规具有相同性质的要素的价值和作用，并在企业中树立正确的合规价值观以及道德准则和信仰的机制，而这种机制将与企业的治理机构和控制系统相互作用，从而不仅在制度层面，而且在意识层面引导企业或者其员工做出合规的行为。笔者在从业过程中,曾多次被企业员工问及"什么是合规?",这也让笔者认识到,企业构建合规文化,仅仅强调"合规"二字是不够的,当务之急是确立符合企业特点且可被全体员工所理解的合规文化的内涵。而实践中,通常企业合规文化的内涵包含以下三个层面的内容:

(一)以合规为前提的企业价值观

"合规创造价值"是企业进行合规管理体系建设的共识和动因,但这一共识在企业中的树立需要企业的最高决策者、公司治理机构和其他管理层在整个企业范围内以可被全体员工所理解的语言体系阐明和推行一套以合规为前提的价值观,指导企业决策者、管理层以及员工的行为和商业判断。而这套合规价值观内在要求即在于企业的价值观要以合规要素为前提,企业及其决策者、管理层和员工在企业决策、管理及业务行为过程中,不仅要追求商业价值的实现,同时要保证商业价值是在企业合规经营的基础上实现的。在此,我们以中国移动为例,其以"严守法纪、尊崇规则、践行承诺、尚德修身"十六字为纲,提出中国移动合规文化的核心内涵,这十六个字的意义不仅是中国移动对合规管理的具体要求,同时也代表了其对这十六个字所彰显的"合规"作为其追求商业价值的前提的认可。诸如此类的企业纲领或者口号等形式本属于国有企业的一个典型特色,但越来越多的民营企业在建设合规管理体系的过程中采用了这种方式,将其作为企业合规价值观的载体。

(二)以合规为基础的管理理念

一个采取现代化管理制度的企业定然是以企业章程为基础,建立了完整的企业事务管理制度的企业。但作为企业的管理层,作为管理制度的践行者,在企业管理活动中,如何就执行制度、解决制度之间的冲突以及在制度空白情况下做出判断的过程中保证其管理行为风险的最小化,成为实践中的棘手问题。而企业合规管理理念的树立就是为了解决企业管理层所面临的上述问题。即使由于企业历史形成的管理制度与风格、最高决策者与管理层之间的权责划分等因素,不同的企业所树立的管理理念是不同的,但其都应当以合规为基础。实践中,很多企业将管理层应当合规管理的理念渗透到了企业具体的管理制度之中,或以其作为制度执行的指导原则,或以之作为管理层履职的合格条件,促使管理层重视管理行为的合规性。也不乏一些企业所建立的企业合规管理体系中,虽有就企业管理层的职权、履职程序等事项的管理规定,但并没有对管理者所应具备的合规理念予以重视,导致一些管理者在执行管理制度过程中出现了脱离合规基础、"无条件地服从上级指示"或者"无限度地支持业务需要"等现象,为企业埋下合规风险的巨大隐患。

(三)以合规为指导的员工意识

如果说企业合规价值观与合规管理理念是分别就企业和管理层行为合规性做出的

宏观指引的话，那么企业员工合规意识则是对员工行为的指导。企业合规管理体系建设的最终目的是形成一系列能够有效约束员工行为、降低企业合规风险的制度，因此，员工的合规意识是企业合规管理体系有效运行的潜在动力。很多企业已经意识到了这一点，越来越多的企业在其员工手册中加入了合规因素相关的要求，"廉洁""守法"和"诚信"等字眼反复出现在向员工发放的书面材料和针对员工进行的培训当中。企业采取这一系列的措施，目的即在于潜移默化地向员工灌输或者帮助员工树立一种合规从业的意识。

不难看出，企业构建合规文化实质上就是在通过一定载体将上述三个层面的合规文化内涵，即企业的合规价值观、企业管理层的合规管理理念以及企业员工的合规意识，体系化地进行展现和传播，使得合规成为企业、管理层和员工共同的价值取向和行为指引。

二、企业合规文化的构建机制

（一）自上而下地构建企业合规文化

大部分人具有一种追随领导者的心理，无论其是否愿意承认。在企业构建合规文化的实践中这一点也得到了充分的体现，企业最高领导层的态度对于企业合规文化的构建发挥着决定性的作用。大部分企业员工对于企业合规文化的接受和遵循程度在很大程度上取决于企业最高领导层对企业合规文化构建的支持和强调。1998年至2001年间，波音公司曾大力推行其合规管理项目，不仅建立了覆盖全球的职业行为准则培训和举报热线系统，而且几乎在每个部门都配置了职业行为准则顾问。其号称要建立美国企业合规的典范，但是其最高领导层对企业合规文化推行以及在决策中对合规的重视等方面的乏力，导致企业不仅合规管理项目推行受阻，企业经营都受到了严重影响。这样的教训并非孤例，也让企业在实践中认识到，企业合规文化构建若只有醒目的标语或响亮的口号，而没有来自企业最高领导层的强调与践行，终究是纸上谈兵。

同样，企业的管理层，作为企业金字塔的中间层，它既是企业最高领导层的追随者，又为底层员工所追随，因此，管理层对于企业合规文化的态度在很大程度上影响着底层员工群体的态度。在大型企业中，科层制最为明显，员工之间的逐层追随效应愈发典型。因此，介乎于企业最高领导层与底层员工之间的中间层——管理者，其对于企业合规文化构建的支持与执行，成为企业合规文化构建过程中必不可少的一环。

需要强调的是，这种企业内部逐层追随效应的发生依赖于企业最高领导层以及中间管理层对于企业合规文化的态度在员工面前的展现，即无论是企业最高领导层还是中间管理层的态度，均须通过其践行或者严格执行企业合规文化的具体行为所体现，员工可以看得见的态度，而非其单纯的主观心理状态或口头表述。

现有企业合规文化建设的实践都表明，通过"企业最高领导层的强调与践行—管理层支持与执行—员工的接受和遵循"这样一种自上而下的合规文化贯彻路径来构建企业合规文化，是目前来看最有效，也最符合现代企业管理架构特征的机制。

（二）由内而外地拓展企业合规文化

现代商业的竞争逐渐完成了从"企业与企业之间的竞争"到"商业网络之间的竞争"的过渡，任何一个商业主体的核心竞争力不再仅仅是其生产的产品或提供的服务，而是通过其产品和服务建立起来的稳定而庞大的商业网络。在这些通过商业网络串联起来的商业主体利益共同化的过程中，风险也在相互传导，在这样的商业网络中，没有任何一家企业能够独善其身。

典型的例子就是医药行业中的CSO公司。"两票制"出台前，大量的CSO公司在为医药企业提供合同销售服务的同时也为一些医药企业提供"过票"服务，合规经营的医药企业因为CSO公司这种不合规的"过票"行为被牵连卷入监管机关调查的事件时有发生。因此，越来越多的企业在构建自身合规文化的同时，也逐渐开始重视对商业合作伙伴的合规文化的审视以及与其合规文化的共享。

我们注意到，很多企业正在逐步地在以其为核心的商业网络中将其企业内部的合规文化推行拓展至商业网络中的其他企业，它们希望通过企业合规文化的同化，达到整个商业网络内部风险防范的一体化，降低自身合规风险。在高风险的商业领域，这种合规文化拓展的机制已经成为一种趋势。而这种拓展机制的具体措施包括以认同本企业合规文化作为交易的前提，将本企业合规文化内涵转化为交易合同条款以及与多个具备一定条件的商业合作伙伴共建商业文化联盟等较为新颖的措施等。例如，某国内知名的国有控股的上市医药公司，与其认可的部分分销商基于对商业及合规文化的认同，建立了商道同盟，各方均致力于对共同商业和合规文化的贯彻以及其他合规机制的建立，共享合规建设成果，同盟之内的分销商在一定程度上享有优于一般分销商的交易权益。

本节所探讨的合规文化拓展机制可能与企业所采取的部分商业合作伙伴管理机制的具体措施相同，对于该部分措施，笔者会在关于商业合作伙伴管理机制的章节中详细进行讨论。

第三节　合规培训机制

一、合规培训机制的作用

企业培训机制在企业日常经营和管理活动中已经被普遍采用，但常见的企业培训主要集中企业业务、员工技能等方面，生产制造业的企业可能会同时聚焦于生产操作及生产安全等方面的培训。而近年来，随着企业对合规管理的重视，以企业合规管理或者具体的合规管理措施执行为主题的培训正逐渐成为企业培训的热门板块，企业及其管理层和员工也逐渐深刻认识到了企业合规培训对于企业及个人的作用。

我们需要强调的是，企业推行合规培训的最终目的是增强员工合规意识和能力、降低企业合规风险，但企业合规培训机制具体应当发挥什么样的作用才能保障企业合规管理体系的运行进而实现上述目的，恰恰是很多企业在推行企业合规培训机制过程中的盲区。是否能够探清这个盲区直接关系着企业合规培训机制的实效性。

首先，企业合规培训机制并不是简单的企业对培训对象的单向灌输，而是企业与培训对象之间的双向互动。企业在向培训对象传输合规相关信息的过程中，也应当同时从培训对象处了解企业经营和管理活动中存在的现实问题以及培训对象的真实需求。通过这样一个发现和识别的环节，企业不仅可以就此制订更有针对性的培训方案，而且可以就已发现和识别的合规风险制定对应的预防机制。也即企业合规培训机制可以发挥企业合规风险发现和识别的作用，而种种作用发挥的前提在于企业合规培训机制须是一种互动的机制。

其次，企业合规培训机制旨在降低的不仅是企业面临的合规风险，还包括减轻甚至免除风险发生以后企业可能承担的责任。换句话说，企业采取合规管理保障机制是企业为了降低合规风险所应尽的义务，合规培训即是履行该项义务的方式之一，当企业充分、合理地履行了该项义务后，风险仍发生的，则不可继续归咎于企业。最新修改后的《反不正当竞争法》第7条对于"经营者"与"员工"之间责任的区分，以及执法实践中对该条的把握就足以体现这一点。因此，企业合规培训机制是否充分合理可能构成企业是否承担特定风险发生以后的责任的决定性因素之一，而此处的"充分合理"对于合规培训的要求，不仅仅是风险的告知与提示或者对行为的指引，还是一种实质意义上对于员工行为合规可能性的提高。

当然，上述两项作用并非合规培训机制所独有的作用，其他合规保障机制也可能发挥类似作用。前述作用对应效果的实现，更多时候是多种合规保障机制同时作用的结果。

二、合规培训机制的模式

就本部分内容,我们首先需要明确的是,合规培训机制不等于合规培训。企业举办合规培训并不代表企业建立了企业合规培训机制。如笔者在前文所述,作为企业合规管理保障机制的合规培训机制,应当是企业通过制度确认,并在企业内部普遍适用的措施。这种机制在实践中通常表现为对企业合规培训相关的事项,如培训周期或频率、培训主题、培训对象、培训内容的选择、培训效果的评价等,进行了详细规定的企业内部规则。但不同企业对于不同事项进行合规培训的规则设计也存在不同,笔者现就实践中存在的主要模式进行简要介绍。

(一)定期培训

企业形成定期合规培训是企业合规培训制度化和常规化的标志。实践中,很多企业已经初步建立了定期培训的机制,但具体操作却不尽相同。有的企业结合自身及所处行业所存在的普遍性合规风险,每期针对各个风险点进行主题轮换式的培训,这种模式适合合规风险种类比较稳定的传统行业的企业;而有些企业每期的培训主题均是依据当期从该企业管理和经营活动中收集的风险点确定的相应培训主题,这种模式则适用于风险高发或者创新性领域的企业。这些模式本身并无优劣,关键在于是否符合企业的特点。与定期培训相对的是临时培训,不过我们此处所称的临时培训是指在合规培训制度化基础上所进行的非定期举行的合规培训,这种临时培训是企业针对非普遍性合规风险或者事件所开展的培训。例如,企业针对行业内临时的监管政策变化所进行的培训等。

(二)强制性培训

为了确保特定培训对象参与企业合规培训,很多企业就特定合规相关事项的培训会明确要求特定培训对象必须参加培训,并辅之以相应的与会人员签字以及处罚措施。之所以如此严格要求,是因为培训内容对于特定对象来说是其从业行为所必须理解和知晓的,例如我们常见的针对新员工就行为准则进行的岗前培训等,甚至有些事项是依法应当对该对象进行的,例如工矿企业针对矿工进行的生产或者操作规程等事项的培训等。前述强制性培训不仅关系着企业合规风险的预防,还关系着风险发生后企业责任的承担,因此在企业中实际的执行程度较高。

(三)外部培训

外部培训是指企业委托外部专业人士就企业合规相关事项针对特定对象展开的合规培训。从理论上来讲,企业就其所涉合规事项,既可以指定其内部人员作为讲师进行培训,也可以委托外部人员作为讲师进行培训。鉴于合规及其相关事项专业性较强,企业选择委托外部专家来进行特定合规事项的培训可能更为合理，例如委托会计师开展财务合规培训、委托律师开展合规管理及风险防范相关的培训。但笔者并非否认内部人员进行合规培训的合理性，企业内部从事法务或者合规工作的人员相对于外部人员更熟悉企业管理及经营活动中的实际需求，其更有利于展开针对性的培训。因此，实践中，企业合规事项的培训内容往往是外部专业人士与企业内部合规人员沟通后形成的，更符合企业的实际需求。

企业在建立自身的合规培训机制时，可以参考前述常见的模式，但不适宜过度模仿其他企业或者直接照搬其他企业的模式。每个企业都有自己的特点，即使是同行业的企业，管理模式或业务模式都可能大相径庭，合规培训的模式也应当结合其自身特点，结合所要培训的事项内容，确定相应的培训机制。

三、合规培训的内容

关于企业合规培训机制，另一个重要的问题在于其内容。笔者在从业过程中不止一次被企业员工问及何为合规，而这些员工不止一次接受过相关的合规培训。为什么会出现这种情况呢？经过笔者进一步的访谈及询问发现，原因在于，关于合规，不同主体的需求是不同的，千篇一律地针对不同受众展开合规基础概念的教育，显然不得要领。企业的最高领导者或决策者们需要通过合规为其经营决策提供参考和依据，企业的管理层需要通过合规来降低其履职的风险，而普通员工则更多地需要通过合规来保持或者提高自己的薪资。正是基于这种需求的不同，合规培训的内容也应当因人而异。

首先，针对企业的最高领导者或决策者们。这一群体通常在企业中负责决定企业的发展方向和做出重大经营决策和投资决策，他们更需要的是把握政治、经济以及社会的脉搏，尤其是国家在其所属行业的立法和执法政策的动向等，为企业的发展方向和重大决策的做出提供参考和依据，防止由此给企业带来不利风险。因此，其所需要的合规培训的内容通常集中在对因行业立法政策和监管政策变动给企业带来的风险及应对措施的相关的解读等。当然，通常国有企业的最高领导者或者决策者们除了上述内容外可能对个人如何尽职免责等事项也比较关注。

其次是企业的管理层，尤其是国有企业的管理层，其主要的职责是执行企业的经营及管理方面做出决策，如何能够无差错地完成其职责是其最大的关注点。正如一个企业的财务总监无法拒绝企业财务管理及发票处理等相关的风险及处理这一话题，因此，企业管理层更迫切于知道和充分了解其履职过程中存在的风险点以及相关对策。针对其开展的合规培训，需结合其职务内容及所涉风险来展开，对其进行充分的风险提示及对策建议。

最后，针对企业普通员工，对其展开政策解读或者风险提示及应对可能并不能使其形成共鸣，甚至可能增加其对于企业合规管理等事项的疑惑。作为企业决策的最终执行者，企业员工对于企业合规管理更具有操作性，即如何行为才是合规行为。例如，对于一家医药企业的销售人员来说，如何把握与医疗机构工作人员沟通和接触的尺度这一话题显然要比仿制药一致性评价这一药品生产领域的重大政策的推出这一话题更有吸引力。

当然，以上针对不同培训对象进行不同类型的培训内容划分只是就实践中常见的培训内容及培训经验的总结，并不是绝对的。在特定情况下，企业最高领导层也会关注行为指引层面的内容，例如上市公司的实际控制人必然需要充分了解实际控制人的行为准则，而企业普通员工也会关注行业政策变动等问题，例如医药企业的销售人员对于国家出台的医药代表备案等制度及政策时刻关注。另外，本书上一节所提及的企业合规文化构建机制必然也需要通过企业合规培训的机制来配合开展，而就企业合规文化培训，如笔者所言，自上而下的合规文化构建机制自然要求企业自上而下全体都充分接受合规文化的培训，而不以培训对象区分。

企业合规培训机制是企业所采取的最为普遍的一种合规管理保障机制，但该机制的成熟程度以及预期效果的实现程度仍有赖于我们在实践中继续提高与完善。

第四节　合规考核机制

一、合规考核机制的意义

近年来，企业在经营管理活动中片面利益最大化的理念已经发生改变，很多企业已经意识到合规对于企业实现长期持续利益的重要意义。而企业理念的转变最终也需要体现在员工意识的转变上，此前以"利益至上"为指导建立起来的一系列塑造员工意识的机制也必然需要注入"合规"这一新鲜血液。企业内部考核机制作为一种与员工收入挂钩、通过评价员工行为来引导员工为企业利益而工作的措施由来已久，且一直都是企业内部最行之有效的管理机制，在此基础上进行以合规为基础的考核机制改造也成为很多企业保证企业合规管理体系运行的首选，而合规考核机制的构建必须明确其对企业合规管理体系运行的双重意义。

首先，合规考核机制是一种监督和评价机制，有利于对员工行为进行约束和指导。以企业合规管理为导向建立的企业合规考核机制，必然要求将合规作为考核员工行为和表现的要素及标准。企业就特定员工在特定期限内的职务行为的合规性以及识别和应对合规风险的能力等因素进行综合的评价，使得员工的行为的合规性以及合规能力被持续地置于管理层或其他考评者的审视之下，对员工而言，自然就形成了一种制度层面和心理层面的约束，进而降低了其行为不合规或引发合规风险的可能性。

其次，合规考核机制是一种激励机制，会促成企业员工合规意识的形成，提高员工行为合规的自觉性。通常企业的考核机制会与员工的收入直接挂钩，而这也是考核机制长盛不衰的原因。企业构建合规考核机制，将员工的行为的合规性以及合规能力作为员工可得收益数额的参考标准之一，会直接提高企业员工行为合规以及提升合规能力的自觉性和主动性，进而形成稳定牢固的合规意识。

明确合规考核机制的双重意义，也就明确了企业构建合规考核机制的原因及其在实践中的指导原则。若实践中形成的合规考核机制所发挥的效果与前文所述相左，则说明该合规考核机制仍有待调整和完善。

二、合规考核的内容和形式

（一）合规考核的内容

我们反复提到合规考核机制是一种以合规为指导的评价机制，而合规考核的内容则是指合规考核机制中据以做出评价的考虑因素或标准，这一点恰恰是企业构建有效的合规考核机制的关键。通常企业合规考核机制的对象是企业的员工，而员工与企业合规管理体系运行的连接点则是员工对于促进企业合规管理的主观意愿、客观行为以及其促进合规管理的能力，因此，企业合规考核机制将上述三个因素纳入考核机制，作为考核的内容也是必然选择。

我们首先需要讨论的是员工的客观行为，企业需要评价的是其行为是否符合法律法规、行业规范、企业内部规定及行为指引等一系列有约束力的规则，即其合规性。在企业构建的合规管理体系基础上，员工的合规行为是企业合规管理体系运行的原动力，因此以之作为合规考核的内容，监督和激励员工依规行事是合规考核机制的必然选择。

其次是员工的合规能力，即员工识别合规风险、应对合规风险的能力，是对员工的一种更高的行为要求。员工除了依据成规行事之外，对于规定范围之外所面临的合规风险是否能够识别、是否能够应对和化解是关系企业合规管理体系持续运转和改进的重要力量，因此将之作为考核内容，亦是在激发员工对于合规管理体系运行提供支持的能力。当然，需要注意的是，员工合规能力的培养与提升不能仅依赖于员工自身的提升，而应依赖于企业为员工提升合规能力所创建的培训教育的条件和环境，即我们在第三节所讨论的合规培训机制。

最后，合规考核内容需要囊括的是员工促进企业合规管理的主观意愿，即员工的合规意识，这一点是对员工主观心理状态的一种要求，企业所要实现的是员工主动自觉地为企业合规管理体系运行提供支持，而非仅仅出于规则因素或其他强制因素的驱使。在企业员工都具备了合规意识这一理想状态下，企业的合规管理便只剩下操作层面的改进和完善。故而将员工合规意识作为考核内容是企业合规管理体系运行的更高要求。而员工合规意识的形成和提高则有赖于企业合规文化构建机制以及合规培训机制的实施与完善。

（二）合规考核的形式

笔者所称的合规考核的形式是指企业对员工进行合规考核所采取的手段或方式。实践中，企业对员工进行考核的方式不胜枚举，典型的方式包括定期考评、考试、检查等，甚至一些针对特定岗位人员在职期间的行为进行审计也是一种考核机制，这在国有企业中比较常见。之所以专就合规考核的形式展开讨论，是因为合规考核的形式选择并非任意即可，而是应与考核对象的岗位、职务以及数量等因素密切相关，这些因素甚至会影响该考核形式的有效性，因而企业在选择考核形式时需要考虑周全。笔者现就一些常见的考核形式进行介绍。

定期考核是最为普遍的一种考核方式，任何一个在职人员，无论是在企业还是行政机关、无论是在国有企业还是民营企业，都会在特定的时间和地点，面临企业或者单位组织对其在特定时间段内工作表现及工作能力的综合评价，以此来作为奖惩的标准。这种考核方式不仅适用于对普通员工的考核，也适用于对管理层人员的考核，甚至是对内部特定机构的考核，因而被广泛采用。但这种形式有效性发挥的前提在于，待考核的事项在特定时间段内可以通过一定的记录形式呈现，否则定期考核将毫无依据。

考试在中国是一种最为传统的考核方式，对于考核对象就特定事项的了解程度或知识积累情况，它不失为一种适当的考核方式，例如企业针对员工就特定事项的操作规范或行为规范的掌握情况的考核即可以通过考试来完成。但针对考核对象就实践过程中的突发情况或意外事件的应对能力的考核，显然无法通过考试实现，而是需要在特定的情境下进行考核。

随机抽检是实践中多数企业采用的针对不特定的考核对象进行考核的方式，且通常此类考核对象需考核的数量较多，逐一考核效率太低。例如，大型生产企业针对流水线工人是否在生产过程中完成特定操作行为或尽到注意义务进行考核，很难对所有工人的每一次生产操作都进行跟踪监督，采取随机抽检的考核方式反而起到震慑作用，可以提高员工每次操作规程中的注意程度。

针对一些必须在特定情境下才能够完成的考核事项，很多企业采取了暗访的形式对考核对象的行为进行考核。这种形式通常是在不提前披露考核的情况下，与考核对象就待考核事项进行沟通或者模拟特定情境，以了解考核对象在该情境下真实的行为模式和处理方式，进而对其做出评价。此时考核的事项不是特定的成果或持续累积的行为，而是特定行为发生的过程。这种方式通常用于针对行为细节合规性要求较高的对象的考核。

结合上述情况可以看出，没有某种考核形式是万能的，企业构建合规考核机制，除了应当首先确立适当和全面的考核内容外，还应当结合考核对象以及被考核事项的特征设置考核方式，并在制度化的基础上，开展长期、持续的考核，杜绝"运动式"的考核，以此来维持员工长期稳定的对于合规的警惕性和自觉性。

第五节 合规举报机制

一、合规举报机制的意义

无论是ISO19600《合规管理体系指南》中描述的企业合规管理体系，还是实践中企业已经摸索构建起来的合规管理体系，识别和发现合规风险是企业对风险进行防范、应对的前提，合规风险的识别和发现环节都在其中发挥着启动体系运行的点火器的作用。

实践中，很多企业为了提高自身识别和发现合规风险的能力，组织进行了全面的企业风险梳理，构建合规风险库，旨在就企业经营管理中面临的所有显示的和潜在的合规风险进行全面的提示。这种做法在静态层面固然起到帮助企业知道风险为何的作用，但毕竟风险源自于行为，通过监测员工行为发现风险才是企业全面识别和发现合规风险所必须采取的机制，而风险库无法在动态的层面发现和洞察企业所面临的合规风险，即何种风险正在酝酿或者发生。

目前，企业并不缺乏对员工行为进行监督的制度或措施，除了自上而下的日常性监督以及部分因企业外部压力驱动的监督外，其他诸如员工对于其上级管理人员以及其他员工的不当行为进行举报的自下而上或平行进行监督的机制，受中国传统文化因素以及激励不足的影响，在国内的企业中被采用或者被有效执行的很少。

而上述这类通过举报实现的监督机制恰恰是企业实现发现风险这一目的的核心机制，对于企业识别和发现合规风险具有重要意义。与普通日常的自上而下的监督相比，合规举报所针对的是企业内部所有人的行为，且没有就举报者与被举报者之间的职责和级别做出限制，一反常规性的企业管理讲求自上而下、各司其职的原则，旨在破除这种机制导致的监督机制的单向性和执行僵化等问题，确保企业内部全体员工，尤其是管理层人员的行为都能切实地被纳入监督的范围。同时，需要强调的是，合规举报机制的执行并不是为员工施加进行举报的义务，而是赋予全体员工对所有不合规行为进行举报的权利，员工享有举报的权利这一点本身就可以对全体员工产生震慑效应，进而形成对全体员工行为的无形约束。

二、完善的合规举报机制需要满足的条件

我们提到，合规举报机制目前在国内的企业中被采用或者被有效执行的很少，原因不仅包括国内外企业在构建合规举报机制过程中所面临的共同问题，如对员工举报激励不足等，还包括中国企业所面临的一些本土化的特有问题，如传统文化因素影响及国有企业管理机制的特殊性等。为此，如何有效构建和执行合规举报机制也成了企业事务中常见且较难解决的问题。笔者根据对部分外企以及国内不同类型企业的举报制度及其执行情况的了解和研究，认为从合规举报制度构建和执行涉及的各个环节角度来看，行之有效的合规举报制度应当具备以下条件：

合规举报机制的构建与执行需要以明确和全面的合规举报规则作为依据。构建合规举报机制并非一个举报热线电话和一句举报不合规行为的号召就足够，有效的合规举报机制的执行需要企业首先通过明确的制度规则对举报的渠道、举报的程序、受理举报的主体、举报事项的处理程序和反馈、举报事项的处理结果、对举报者的激励等诸多事项进行确定。

在合规举报制度形成的基础上，企业应当为员工举报设置便捷的举报渠道。通常企业会为客户投诉等提供充分便捷的渠道，但由于内部举报的特殊性，其举报渠道的设置往往会被忽略。尤其是渠道是否便捷，成为推动举报机制运行的关键节点。笔者此处强调的"便捷"除了有快速方便之意外，还包含了需符合举报人需求之意，例如，有些匿名举报者举报时必然不希望所使用的举报渠道暴露其身份，因此电话举报可能会成为其举报时的后顾之忧。企业就举报渠道不应设置太多限制，原则上便于信息传输的方式都应当予以认可。

企业合规举报事务应当由独立的人员或部门负责受理和处理，且该部门或人员需要有充分的处理举报事项的权限。本书其他章节也反复提到过企业合规管理机构应当具有独立性，同样，对于企业接收和处理举报事项的人员或部门，也必须具备独立性，应由企业最高的合规部门负责，不受其他部门或人员牵制，以保证其处理举报事项的公正与中立。此外，该人员或部门也应具备依据法律法规或企业内部规定就举报事项进行查证、处置或决定移交有关部门的独立权限，若任何举报事项的处理均受制于请示报告或与其他部门的沟通协调等机制，则必然会使该部门或人员沦为举报事项的转达者，举报机构也会形同虚设。

举报事项受理后，受理人员或部门应当及时查证或处置该事项，且原则上应就处理结果对举报人进行及时反馈。合规举报机制并非仅仅是举报事项的收集机制，同时也是举报人所举报事项或者其诉求最终得到解决的通道。如果企业根据举报人提供的

举报事项或线索进行查证，并进行处理，但未就处理结果向举报人进行及时反馈，不仅与合规举报机制设立的初衷不符，也有可能打击举报人举报不合规行为的积极性，在企业内部产生反向激励，甚至可能导致内部矛盾激化而将企业内部问题外化，给企业带来来自媒体、社会或者监管机关的压力。

企业应当为举报人提供一定激励措施，以鼓励员工举报不合规行为。由于受中国传统文化的影响，"明哲保身"或"不得罪人"等观念在企业中较为盛行，在不危及个人利益的情况下，很少有人会主动就不合规行为进行举报。因此，对于举报的激励措施，对国内的企业来说尤为必要。但笔者同时也认为，激励措施应当以举报事项查证属实为基础，否则可能会引发不实举报的风潮，反而会给企业造成其他问题。

企业应当为举报人提供充分的保护措施。企业受理举报事项的个人或部门应当对举报者的信息负有保密义务，无论举报者采取的是匿名还是实名举报的方式，具体而言，包括不得透露举报者信息或可以推知举报人身份的其他信息以及消除举报人信息记录等。这一制度安排除了旨在防止举报者被打击报复外，也是出于对告密者并不友好的文化背景的考虑。

上述条件是笔者认为有效的合规举报机制所应具备的几个基本条件，并非全部条件。在实践过程中，不排除企业会结合所处行业或者企业类型的特点，增加或者调整合规举报机制中与前述条件所对应的措施或制度，以促进其合规举报机制的有效执行。

三、企业合规举报事项处理的特殊问题

笔者在前文已经提到，合规举报机制同时也是举报人所举报事项或者其诉求最终得到解决的通道，因此，合规举报机制往往需要配备相应的举报事项处理措施，尤其是举报事项的查证措施，例如核查文件、询问经办人等。但举报事项在企业内部影响力较大的或者情况较为复杂的，可能无法通过简单的查证措施进行确认，此时可能需要启动综合的内部调查措施予以核实，而这种措施在实施过程中可能会涉及一些特殊问题，尤其是涉及法律等相关的专业问题，需要特别注意。

首先是内部调查措施的合法性问题。企业在开展内部调查过程中，针对员工可以采取哪些调查措施？是否可以直接搜查员工办公室、拷贝员工个人电脑内的数据？是否可以对员工进行强制性的询问？这一系列问题均是企业采取相关措施前应当予以确认和评估的。很多企业已经意识到了前述问题，在与员工的劳动合同中甚至明确约定了员工在特定情况下配合调查或者接受询问的义务，但企业并不是就获得了强行采取任何措施、要求员工接受调查或询问的权利，尤其是在其采取的措施涉及限制员工人身自由或侵犯员工隐私权的情况下，甚至会对企业自身造成不利影响。而与此同时，权且不论该类劳动合同条款效力如何，在实际执行过程中也存在无法执行的情况，例

如员工不配合调查或询问，该行为也不属于《劳动合同法》规定的可以约定违约金的情形，尤其是在员工已经离职或者拟离职的情况下，该类条款对员工个人的约束力事实上也无法得到保障。因此，实践中企业采取既合法又具有实际可操作性的措施需要从法律、管理以及经济激励等各方面综合考量和探索。

其次是内部调查所获证据的效力及处置。企业通过内部调查所获得的材料的法律效力如何，是否可以在民事诉讼或刑事侦查及诉讼程序中使用，对于不利于企业的证据材料该如何处置，尤其是在涉及跨国公司的跨境内部调查时，所获证据材料是否可以在另一法域中直接使用，或者是否可以直接向境外调查机构或司法机关提交等均是需要进行专业评估以后才能进行确认的。近年来随着国内外关于数据运用、传输等方面的监管以及对隐私权保护趋势的加强，在涉及电子数据证据的采集、运用、传输，尤其是涉及跨境数据传输等问题时，将受到来自多边的监管和约束，任何环节的不合规都可能导致相关的电子证据材料因为来源或采集方式等问题而不被纳入事实认定的范围。因此，这也是企业后续需要进一步加强合规管理和吸收专业人士意见的领域。

企业内部调查作为一种综合性的措施，在实践操作过程中可能遇到的问题并不限于上述问题，笔者此处所提及的只是实践中的常见问题和难点。应对这些问题时，企业除了在调查过程中需要专业机构提供协助外，也需要在日常管理过程中为企业内部调查措施提供条件，例如通过劳动合同、员工承诺或其他书面形式确认员工配合企业采取内部调查措施的义务或者获取企业在一定范围内使用员工的物品或者信息的许可等。这也是企业在推进合规管理保障措施建立过程中的必经之路。

第六节　商业合作伙伴管理机制

一、商业合作伙伴管理机制所需考虑的因素

笔者在前文中已经提到，在商业网络串联起来的商业主体利益共同化的过程中，风险也在相互传导，在这样的商业网络中，没有任何一家企业能够独善其身，除了通过向商业合作伙伴拓展企业自身合规文化，提高防控共同面临的合规风险的能力外，更为直接的方式是企业直接监督或参与到商业合作伙伴的合规管理过程中。但在实践中，企业实际所采取的商业合作伙伴管理政策和措施因其所处的市场地位以及商业关系所涉及的合规风险的不同而各有不同。

关于商业合作伙伴管理机制，企业首先要考虑的是商业合作伙伴的范围。并非任何与企业发生交易的主体都可以被定义为商业合作伙伴或者需要企业对其采取相应的

管理措施。通常企业需要结合商业合作关系的紧密程度、重要性及战略意义等，划定商业合作伙伴的范围，即需要确定企业采取措施对其经营管理活动的合规性进行监督和管理的交易相对方范围。对于一些交易网络相对稳定的企业，通常可以在现有交易相对方中直接进行筛选，较为便捷。而对于一些正在进行业务拓展或者交易相对方流动性较强的企业，则可能需要其结合合作关系的紧密程度和重要性等因素，明确设定商业合作伙伴需符合的标准和条件以及认定程序，为其甄别商业合作伙伴提供明确的制度指引。而对于那些业务种类较多、交易相对方类型多样的，则有必要形成对交易相对方更为具体的、多层次的商业合作伙伴分类和定位机制，以便企业类型化地实施对其的管理机制。而那些偶尔与企业发生交易、不涉及企业核心业务的交易相对方，其对企业传导合规风险的可能性较低，通常会被排除出"伙伴"的范围，仅通过协议或者其他形式进行风险隔离或者责任切割即可，若强行将之纳入"伙伴"范畴并采取一系列管理措施，反而会降低商业效率。

在划定商业合作伙伴的范围和类型之后，企业所需要考虑的便是企业可以针对特定类型的商业合作伙伴所采取的监督和管理措施。实践中常见的措施包括对交易相对方进行前期的财务和法律尽调，在协议中约定对其的质询、检查、审计及调查的权利等，要求其签署合规承诺书，在协议中约定其合规管理应符合的标准，对其进行合规管理培训以及约定其或其员工违反合规管理义务或标准的违约责任等。这其中有的是对合作伙伴合规风险进行管理的基本措施并被企业广泛用于和商业合作伙伴的关系中，例如要求签署合规承诺书等，而有些措施，例如审计权、检查权等，由于其涉及对商业合作伙伴经营管理活动的重大监督与干预，则需要企业依据交易相对方的市场地位、交易的特点、交易所涉风险等方面综合考虑而予以实施，甚至通过与交易相对方进行反复洽谈后确定，并非单方可以直接确定。因此，企业构建商业伙伴管理机制不仅要通过制度化的方式确定对不同类型的商业合作伙伴应当采取何种合规风险管理措施，而且要针对特殊客户和交易时就管理措施事项如何裁量以及裁量决策程序制定规则。

由此也可以看出，对商业合作伙伴的管理机制，与本章其他部分所探讨的机制不同，其针对的更多的是企业外部的风险源，其构建与实施也有赖于企业充分协调企业内外部关系，实施过程中可能面临更为复杂的问题。

二、商业合作伙伴管理机制的内容与措施

（一）商业合作伙伴管理机制的内容

如前文所述，企业采取商业合作伙伴管理机制的目的在于通过对商业合作伙伴的监督和管理，防止合作伙伴合规风险向本企业的传导或避免本企业因合作伙伴合规风险而承担责任。因此，企业就商业合作伙伴所采取的管理机制所针对的也主要是商业

合作伙伴可能产生合规风险的源头，包括其经营管理活动、员工的业务行为以及就其合作伙伴合规风险的管理等事项。

商业合作伙伴的经营管理活动是其合规风险的主要来源。一旦商业合作伙伴的业务模式、管理制度存在不合规情形或合规风险管理漏洞，该风险就很有可能通过企业与其之间的合作关系或具体的交易传导至企业，例如，二者之间的交易可能因为合作伙伴的不合规情形而在履行或目的实现层面存在障碍或者导致企业被牵连，进而被监管机关关注或者纳入调查范围，因此，企业对于商业合作伙伴，尤其是业务关系密切的商业合作伙伴的经营管理活动的合规性要进行充分的调查、评估和持续监督。

商业合作伙伴员工的业务行为是商业合作伙伴经营活动的具体体现，对商业合作伙伴的经营管理活动进行监管，离不开对其员工业务行为的监管。通常对其员工业务行为的监管分为两个层面：一是通过其合作伙伴对员工行为管理制度执行的情况进行监督，间接约束员工行为；二是通过直接对合作伙伴员工的行为进行指导、检查或者处罚等措施直接约束其员工的业务行为。企业在对合作伙伴的员工行为监督的过程中，是否同时采取两个层面的监督及如何均衡两个层面的监督，有时则取决于交易双方之间的市场地位对比以及合作伙伴已有制度的完备性。

而商业合作伙伴对于其合作伙伴合规风险的管理，则进一步扩大了企业对商业合作伙伴管理机制的适用范围，这种管理需求存在于多方构成的产业链中的企业，例如生产企业的产品在流通环节中，可能需要对经销商、分销商及终端零售商的合规风险进行全面把控。实践中对这一事项的监督方式也涉及通过商业合作伙伴进行间接监管和直接监管两个层面，这也取决于该产业链中的企业之间的相互协商与整体的合规风险管理水平。

笔者在从业过程中也逐渐发现，对商业合作伙伴进行管理，目前主要存在的是监管不全面以及监管措施难以落实等问题。对于监管不全面的问题，需要企业根据上述三点内容以及其行业的特点进行完善，但监管措施落实等问题则更多地取决于事前对监管措施的选择是否合理。

（二）商业合作伙伴管理机制所采取的措施

上文已经提到了一系列诸如对交易相对方进行前期的财务和法律尽调，在协议中约定对其的质询、检查、审计及调查的权利等，要求签署合规承诺书，在协议中约定其合规管理应符合的标准，对其进行合规管理培训以及约定其或其员工违反合规管理义务或标准的违约责任等，以及对商业合作伙伴进行合规风险管理采取的措施，但如何有效地将这些措施配置到适合的合作伙伴，使其有效发挥监管功能成了实践中企业面临的一大难题。

笔者在此拟以曾经参与处理的某国际知名新型产品及软件供应商 A 公司针对其在

中国境内的某经销商B公司进行审计和内部调查的案件为例，探讨关于对商业合作伙伴的审计和调查权的实施问题。该案件系因A公司怀疑B公司与其次级经销商C公司相互串通骗取A公司就特定批次的不符合特价条件的货物给予特价优惠，而基于其与B公司之间的《经销协议》要求对B公司的人员及材料进行调查并进行专项审计。B公司实际并不存在A公司所怀疑的行为，骗取特价单所需的材料均系C公司伪造，但当时经办人员也已经离职，B公司在应对A公司的调查过程中一直无法证明自己并未参与C公司的不当行为，A公司拟对B公司依约执行罚金条款。该案的症结在于，A公司和B公司均未对C公司采取过任何合规管理措施，尤其是B公司，在与C公司的经销协议中，未设置与A公司对其采取的合规管理措施相一致的合规管理措施，导致不当行为的做出者和知情者C公司一直无法被纳入调查和审计的范围。B公司由此也只能在先行对A公司承担相应的责任后向C公司追偿。

该案中，A公司对于其经销商B公司的管理自然值得称道，不仅在《经销协议》中约定了调查权和审计权，而且就上述权利无法实施或者实施后无实质结果的情况下的责任承担规则进行了明确约定，使得A公司在交易中的损失几乎在任何情况下都能及时得到弥补。更值得关注的是，A公司对B公司的调查，系基于对B公司提起特定订单审批之后、进行后续持续的过程中，发现了与该订单情况极其相似的招标公告而发起的，可见其对商业合作伙伴的持续关注和管理的力度。而反观B公司，不仅未对C公司提起的交易进行细致的审核，而且在对A公司承诺负有将其次级经销商纳入监管范围的义务的情况下，未与C公司约定任何调查或者审计的权利，导致其因C公司的不当行为而承担经济损失。

通过二者的对比，笔者不仅仅想说明约定调查权或审计权具有重要意义，更重要的是希望读者能够注意，对商业合作伙伴所采取的合规管理机制实际上是嵌套在整个商业网络之中的，尤其是作为产业链之一环的企业，其对商业合作伙伴的管理措施首先应当考虑下游企业可能为其带来的风险，针对风险制定相应措施，同时也应当考虑上游企业对其施加的监管要求，需制定与上游企业要求相对应的控制和监管措施。这不仅是决定是否约定调查权或审计权需要考虑的因素，也是企业就特定商业合作伙伴制定和选择监管措施都应当考虑的问题，虽然企业与合作伙伴之间的市场地位因素会产生一定影响，但是这仍是企业制定和选择对商业合作伙伴实施监管措施时的指导性思路。

本章的最后，笔者想强调的是，合规管理保障机制源于企业实践，其提升和创新也源自企业对合规管理体系建设的探索。本书无法穷尽所有企业正在实施的有效的各种保障机制，仅就常见或者典型的机制进行介绍和探讨，希望能够为企业实践提供参考。

第四章 企业风险的识别和分析

第一节 风险识别的概念

一、风险识别的概念

风险识别是指风险管理人员运用有关的知识和方法，系统、全面和连续地发现企业面临的财产、责任和人身损失风险。风险识别实际上就是收集有关风险因素、风险事故和损失暴露等方面的信息，发现导致潜在损失的因素。对于风险识别的概念，可以从以下几个方面进行理解：

（一）风险识别是一项复杂的系统工程

风险识别是一项复杂的系统工程，即便是一个规模较小的企业，不仅包括识别实物资产风险、金融资产风险，而且还包括识别人力资本风险。同时，风险识别不仅仅是风险管理部门的工作，还需要生产部门、财务部门、信息处理部门、人事部门等的密切配合；否则，难以准确、全面地识别风险。

（二）风险识别是一个连续、不间断的过程

企业及其运作的环境随时都在变化，例如，企业从其他渠道中撤出进入新的商业渠道，企业被收购或破产，企业经营的环境发生变化等，都会使企业面临的旧的风险消失、新的风险出现。企业要发展，就必须不间断地识别各种风险，分析其对本企业的各种风险暴露的影响。风险识别是一个长期的过程，不能偶尔为之，更不能一蹴而就。此外，政府法令和行政管理条例的变化，也会导致企业出现新的风险。例如，政府汇率政策的变化，会使企业面临汇率风险。

（三）识别引发风险的来源

风险是客观存在的，风险事故的发生也有一个从量变到质变的过程，风险事故的发生是风险因素积聚、增加的结果。对此，风险管理人员在识别企业面临的风险时，最重要的、最困难的工作是了解企业可能遭受损失的来源。如果风险管理人员不能识

别企业所面临的潜在风险，风险因素聚集或者增加，就会导致风险事故的发生。如果风险管理人员不能识别企业所面临的潜在风险，也就不能确定对付风险的办法。

（四）风险识别的目的是衡量风险和规避风险

风险识别是否全面、深刻，直接影响风险管理的质量，进而影响到风险管理的成果，识别风险的目的是为衡量风险和规避风险提供依据。例如，风险调查员的风险调查报告是保险公司确定承保决策和保险费率的依据。

二、风险识别的过程

风险识别的过程实际上就是收集有关风险事故、风险因素、损失暴露和危害（损失）等方面信息的过程。例如，工业溶剂渗漏会使作业现场的工人吸入有毒气体，导致出现工人中毒的风险事故。对于这一事故可以进行以下分析：风险事故是工业溶剂的渗漏；风险因素是使用工业溶剂的车间通风条件较差，工人在没有防护工具的情况下离工作台太近；危险暴露是生产设备突然失控使得工人必须进入通风条件较差的车间进行抢救；损失是工人吸入有毒气体，致使呼吸道出现严重问题；风险事故导致的直接后果是工人住院治疗，使企业医疗费用支出增加，企业受到上级有关部门的行政处罚；风险事故导致的长期后果是工人申诉、请求鉴定为职业病、获得相应的补偿。防止这一风险事故再次发生的办法是重新设计工作台、安装车间的通风设备、防止工业溶剂的渗漏、向工人发放防毒面罩等。风险识别的过程包括以下几个方面：

（一）发现或者调查风险源

在风险事故发生以前，发现引发风险事故的风险源，是风险识别的核心，因为只有发现风险源，才能有的放矢地改变风险因素存在的条件，才能防止风险因素的增加或聚集。一般来说，引发风险事故的风险源大致可以分为以下几类：

（1）物质风险源。物质环境是企业面临的最基本的风险源。例如，地震、干旱和过度降雨都有可能导致风险事故的发生。充分理解企业周围的物质环境和环境对企业的影响是分析这类风险源的核心内容。例如，土地可以为房地产投资提供场所、晴朗的天气有利于发展旅游业，但是，自然灾害的发生会使房地产投资面临风险、恶劣的天气会使旅游业的发展面临风险。又如，美国波音飞机公司为调查风险源设计了一种确定风险源校核表，列明了一些引发风险事故的风险因素，主要包括燃料系统、电容器、弹簧装置、悬挂系统、气体发生器、发电机、射频电源、放射性能源、落体、弹射体等。针对引发事故的风险源，逐一调查是减少风险事故发生的最有效的方法。

（2）社会风险源。道德信仰、价值观、人们的行为方式、社会结构和制度的不同，是引发风险事故的另一个风险源。例如，当一个企业决定在某一地区投资建厂时，当地的劳动力市场是否拥有大量的熟练工人就是一个重要的风险因素。如果进一步分析这些风险因素就会发现，这些因素可能源于当地社会环境的变化，如法制系统、经济结构、文化背景和劳动者素质等，这些来自社会的风险源又会影响到企业投资的成败。

（3）政治风险源。在一个国家或地区，政治因素可能成为非常重要的风险源。例如，政府减少对地方政府的资助，制定严格的有害废料处理条例，都会使企业面临各种破产的风险。在国际领域，政治风险源就表现得更加复杂。外资面临被当地政府没收充公的风险，税收政策的突然变化也会给企业的经营带来破产的风险，政府的财政政策、货币政策、法律环境的变化等，都会使企业面临各种各样的经营风险。

（4）法律风险源。在现代社会中，有相当一部分不确定性和风险来自司法环境，法律风险源是风险识别的重要内容之一。例如，政府奖惩的标准的变化，司法系统对商业活动的态度的变化，都会给企业的经营带来一定的风险。一般来说，政府奖惩标准的变化是难以预测的。在国际领域中，国与国之间的法律标准是大相径庭的，这会使许多问题变得更为复杂。

（5）操作风险源。企业的运作和操作程序产生的风险和不确定性，即操作风险源。例如，企业制定不合适的提拔、雇用和解雇制度，就有产生法律责任的风险。又如，企业员工在生产过程中违规操作有可能使其他员工面临人身伤害的风险。在国际贸易中，缺乏可信度的运输系统，也有可能产生操作风险，进而引发责任风险。

（6）经济风险源。人类经济活动也会产生风险和不确定性，进而引发企业损失的风险。一个国家的经济风险可以直接从政治领域延伸出来，政治危机有可能引发经济危机。但是，随着全球经济市场规模的不断扩张，产生了一种超越任何特定政府的经济环境。尽管某个特定政府的行为能够影响到国际资本市场，但是任何一个政府都无力控制资本市场。通货膨胀、经济衰退和经济萧条成为当今相互依赖经济系统的新风险源。在地方经济的水平上，利率和信贷政策等方面的变化，也是企业面临的重要的风险源。

（7）认知风险源。风险管理人员发现、理解、估算各种测定风险的能力，是风险管理理论和现实之间产生差距的重要原因，人认知风险能力、风险识别流程的不足或过失，是产生认知风险源的原因。改变人认知能力的不足，提高风险管理人员的管理水平，是降低认知风险的条件。

（二）减少风险因素增加的条件

在发现或者调查风险源以后，应该寻求引发风险因素减少的条件。采取的措施应该能够分清轻、重、缓、急，对于引发重大事故的风险因素要及时处理，对于危害较小的风险事故要进行处理。一般来说，按照风险事故发生后果的严重程度，可以将风险因素划分为四类：一类是事故后果可以忽略，可以不采取控制措施的风险因素；二类是事故后果比较轻，暂时还不能造成人员伤害和财产损失，应该考虑采取控制措施的风险因素；三类是事故后果严重，会造成人员伤亡和系统损坏，需要立即采取措施加以控制的风险因素；四类是可以造成灾难性后果的风险事故，必须立即采取措施予以排除的风险因素。

风险因素的分类提供了考察风险事故后果产生过程的方法，改变了风险因素产生的条件，可以减少风险事故发生的概率，降低风险事故造成的损失。例如，对投资于证券市场的金融资产来说，风险因素是一些能够影响各种证券价格的宏观经济变量，如通货膨胀率和汇率，这些风险因素被称为系统风险因素。如果某些风险因素只影响一些特定证券价格的变化，那么，这种风险因素就被称为非系统风险因素或特质因素。识别证券市场系统风险因素，首先需要了解宏观经济环境和经济发展的状况，其次需要了解国家法规、政策的变化，特别是国家对资本市场监管政策的变化。识别证券市场非系统风险因素，需要了解公司的财务状况、市场潜力、未来发展的走势等，降低非系统风险因素给个人、企业带来损失的风险。

（三）预见危害或者危险

危险就是造成损失的原因，危险不能用来指那些可能带来收益的原因，因为危险一词具有损失意义，不同的环境可以产生相同的危害和危险，造成企业、个人财物上的损失。例如，火灾危险可能产生于物质环境（如闪电），也可能产生于社会环境（如纵火、骚乱）。但是，无论由什么风险因素引发的风险事故，都会产生危害、造成损失，因此，风险识别的重要步骤是能够预见到危害，将产生危害的条件消灭在萌芽状态。

（四）重视风险暴露

风险暴露是风险识别的重要组成部分，那些可能面临损失的物体，都有风险暴露的可能，必须重视风险的暴露。例如，放在家具旁边的沾满汽油的破布是风险因素，这块破布有可能引发火灾的风险，这幢房子可能被烧毁，就是风险的暴露。在风险管理实务中，任何企业的所有部门都有可能暴露于风险的威胁之下，为了方便分析风险，一般把风险暴露分为：实物资产风险暴露、金融资产风险暴露、法律责任风险暴露和人力资本风险暴露。目前，风险管理部门还没有找到适用于解决所有领域风险暴露的方法，相反，风险识别常常因不同的领域而有所不同。

（1）实物资产风险暴露。财产所有权的变化可能导致实物资产和无形资产的损失，例如公众的赞誉、政治上的支持、知识产权等的损失，都属于实物资产风险暴露。财产的价值往往通过多种途径被损，例如财产丢失或者减少。资产所有者在某段时间内无法使用自己的财产，这就是时间因素造成的实物资产的损失，而个人或企业往往会忽略这种损失。

（2）金融资产风险暴露。拥有债券资产如普通股和抵押债券的人面临此类风险暴露。金融资产代表着一些明确的、金融方面的权利。例如，获得收益的权利或按某一价格购买一项资产的权利。与实物资产不同的是，金融资产的增值或损失常常与市场环境的变化相关，与这些资产所代表的资产权益的变化有关，因此，不仅债券持有者会面临此类风险暴露，而且那些签发债券的企业也面临金融资产的风险暴露。

（3）责任风险暴露。责任风险暴露源于司法系统所确定的各种义务，国家法律、法规、政府机关实施颁布的管理条例和规章等明确规定了有关当事人的责任义务。例如，国家法律规定职工在上下班途中发生交通事故属于工伤，则工伤保险机构就应该承担给付工伤保险的责任。责任风险暴露包括侵权行为责任、合同责任等。

（4）人力资本风险暴露。企业对员工的投资构成企业财富的一部分，即企业的人力资源。公司经理、一般雇员和其他重要的风险承担者（如顾客、债权人、股东、供货商）可能发生的伤亡，都是人力资本风险的暴露。例如，一台高技术机器，有人认为机器可能造成损失，如伤害员工；也有人认为会带来收益，如新机器提高生产率，增加企业的利润。在这种情况下，风险管理的策略是在增加收益的同时，尽量减少员工的潜在损失。需要指出的是：人力资本的损失，不仅仅指员工身体、心理上受到的伤害，而且还包括企业员工损伤带来的利润的减少、支出的增加，例如失业和退休等都是人力资本风险暴露。企业员工的安全和福利措施等，是人力资本风险暴露的重要组成部分。

第二节　风险识别流程

风险识别是一个可以从纵横两个方面理解的流程。以时间顺序的横轴来看，风险识别可以分为感知风险和分析风险两个阶段，下一章将会讨论这类风险识别流程的一些基本方法。本节主要讨论的是以企业管理层级为纵轴的风险识别流程。

风险识别的最重要环节就是要使一个企业内部的全体员工具有风险意识。风险意识是任何风险管理过程的出发点。增强风险意识的目的是确保一家企业的每一位员工都在：

● 积极主动地为公司识别主要的风险；

● 严肃认真地思考他或她所负责的风险会产生的后果；

● 上传下达那些风险以保证引起别的员工的注意。

在一个有风险意识的环境里，大多数风险管理问题在它们变成更大的问题之前应该都可以得到处理。

有许多组织过程和积极作为可以提高一个公司的风险意识。其中最成功的五个要点是：最高层重视、提出恰当的问题、设立风险分类、提供训练和教育、把风险与补偿联系起来。下面依次来讨论它们。

一、最高层的重视

在风险管理中，公司高层的参与，特别是首席执行官（CEO）的参与对于风险管理的成功是至关重要的，甚至于比公司别的积极作为还重要。

原因很简单，风险管理的某些方面与人的本性背道而驰。虽然人们热衷于谈论营销或产品的成功，甚至于节约费用的机会，但是，他们对于讨论实际或潜在的损失则要冷淡得多，当这些实际或潜在的损失与他们的业务有关时，尤其如此。克服这种勉强性需要运用权威和权力。因此，首席执行官必须全力支持风险管理过程，不仅要通过口头而且要通过行动为风险管理定调。无论是做报告、开会或是出席别的论坛，首席执行官必须首先传达风险管理是公司顶级优先的事的理念。更为重要的是，首席执行官必须通过行动证明他或她致力于风险管理。首席执行官积极参与风险管理会议吗？公司有安排适当的预算以支持风险管理吗？高级风险管理人员参与公司的主要决策吗？当高层生产者违反了风险管理政策时，会出现什么情况？首席执行官和高级管理层对这些问题的反应对于表明他们确实致力于风险管理过程是很有意义的。

二、提出恰当的问题

一直有这么一种说法，高级管理层可以不是总有正确的答案的，但提出恰当的问题是他们的职责。那么，关于风险，高级管理层应该提出的关键问题是什么呢？那就是 RISK——R 表示收益（Return）、I 表示免疫（Immunization）、S 表示系统（System）和 K 表示知识（Knowledge）。

收益：对于企业承担的风险，企业会得到可接受的收益吗？假如一个营业单位以异乎寻常的速度增长或赢得利润，那会造成什么样的风险敞口？

免疫：为了最小化不利的因素一面，我们要把怎样的限制和控制放在适当的位置？

系统：我们有适合的系统去追踪和计量风险吗？

知识：我们有适当的人员和技巧来进行有效的风险管理吗？

三、设立风险分类

对于风险意味着什么——某种在风险领域并非想当然的东西；在哪些地方定义常常没有被很好地理解、公开地解释或足够地重视。这就是说，公司应当努力去为风险管理建立一套公用的语言。

这种努力的一个重要部分应该是去设立一个风险分类法，即一个描述风险种类和次种类的公用结构，以及对风险管理的管理过程而言，有效的交流是一个关键的必备条件。进行有效交流的方法之一就是确保员工了解相互之间意味的工具、度量和战略。

风险分类不仅在讨论风险时有用，而且使得风险既可分解成可以管理的单元又能用于报告，并且这些单元能够组合起来用于风险敞口的计量。这不是一个一蹴而就的过程，它应该反复进行以反映营运动态和变化的本性。

四、提供训练和教育

参与建立风险管理项目的管理人员常常把训练和教育作为他们的主要成就之一而提出。除了增强风险意识外，训练和教育为员工管理自己所负责的风险提供了必要的技巧和工具。

风险教育应该从入职教育时就开始。正如向新职员介绍公司别的管理哲学和营运功能体系一样，应该向他们介绍公司的风险管理理念和公司内的各种风险管理功能体系。它也应当包括继续训练项目，那是根据各个员工的职责所需要的技巧来量体裁衣定制的。所有这些就把各个员工的职责与公司的风险管理政策以及其后的思想联系在一起了。换句话说，员工应该既理解字面意思，也要知晓其精神实质。

五、把风险与补偿联系起来

企业员工自然最关注自己的工作责任是什么以及经济激励是怎样和自己的工作绩效联系在一起的。显然，确保员工明白风险管理是他们工作的一部分，以及他们的激励补偿既在个人的层面也在企业的层面，是与营运和风险管理的绩效联系在一起的，风险意识就能最好地培育起来。重要的是，这些规则对所有的员工而言都是一样起作用的。假如有人觉得同样的基本规则并没有用到所有的员工（特别是高级员工）身上，那么，别人就会很快停止关注这些规则或把这些规则看成是在追求事业的生涯中可以回避的东西。

第三节 风险识别方法

从风险识别的途径来看，企业可借助外部，如保险公司、风险及保险学会等设计的风险分析表格直接来识别自身风险。这些方法有保险调查法、保单对照法、资产损失分析法等，但此类方法只提供一般性风险的识别。由于不同企业都各有自己的特点，因此各个企业可针对自身内部特有状况自行设计识别风险的方法，此类方法有财务报表分析法、流程图分析法等。

风险识别的各种方法在风险识别的两个阶段中有着不同程度的运用。财务报表分析法、流程图分析法、保险调查法等较多地用于感知风险；风险清单分析法、威胁分析法、事故树分析法以及风险因素分析法则较多地用于分析风险。还有一些方法在感知风险和分析风险中都能得到较好的运用，如现场调查法、组织内外专家磋商等。每一种风险识别方法都存在一定的局限性，这是因为：

（1）任何一种方法不可能揭示出经济单位面临的全部风险，更不可能揭示导致风险事故的所有因素，因此必须根据经济单位的性质、规模以及各种方法的用途将多种方法结合使用。

（2）经费的限制和不断地增加工作会导致成本上升、收益下降，风险管理人员必须根据实际条件选择效果最优的方法或方法组合。

（3）如前所述，风险识别是一个连续不断的过程，仅凭一两次的调查分析不能解决问题，许多复杂的和潜在的风险要经过多次识别才能获得较为准确的答案。

一、风险清单分析法

风险清单是指一些由专业人员设计好的标准的表格和问卷，上面非常全面地列出了一个企业可能面临的风险。这些清单都很长，因为它们试图将所有可能的损失暴露全部囊括在内，清单中的项目包括修理或重置资产的成本，伴随资产损毁的收入损失以及承担法律责任的可能性等。使用者对照清单上的每一项都要回答：我们公司会面临这样的风险吗？在回答这些问题的过程中，风险管理者逐渐构建出本公司的风险框架。这些标准调查表提出一些大众化的问题。所谓"标准"，是指全部问题对各种类型的企业都有意义。因此其优点是具有广泛的适用性，但不能揭示某个产业的特殊性，更不能揭示某个企业的特殊性。

一个标准调查表少则几页，多则上百页，大部分标准调查表根据不同方法分成几个部分，常见的分法是按照损失暴露价值的大小来划分的。本书主要介绍一般美国企业普遍应用的识别风险的几种调查方法和对应的调查表：保险调查法与风险分析调查表、保单对照法与保单对照分析表、资产—损失分析法与资产—损失分析表。

（一）保险调查法与风险分析调查表

所谓保险调查法，是指通过保险公司的专业人员及有关的学会就企业可能遭遇的风险加以详尽的调查与分析，编制各种调查表供企业参考的一种方法。在美国，通常由保险公司、风险及保险管理学会（Risk and Insurance Management Society，RIMS）以及美国管理学会（American Management Association，AMA）设计出一种广为企业界应用的风险分析调查表。

此种标准的调查表并没有考虑企业本身的特性，而是由保险公司或有关学会所提供的一般用途的风险分析表格，故适用于中小规模且风险管理政策并不太完备的企业。这种方法的优点是：

（1）由于标准调查表由保险和风险管理专家们所提供，故可获得职业分析家们的意见。

（2）利用此法可免费或支付少量费用即可获得专家们的服务。

（3）可以让没有任何风险管理知识的人员来回答，方便实用。这些标准表格的优点是经济方便，适合新公司、初次想构建风险管理制度的公司或缺乏专业风险管理人员的公司使用，这些表格可以帮助他们系统地识别出最基本的风险，并降低忽略重要风险源的可能性。

但是，标准表格也有两个严重的局限。首先，由于这些清单都是标准化的，适合于所有企业，所以针对性就较差，一个特殊企业面临的特殊风险就可能没有包含进去。其次，这些清单都是在传统风险管理阶段设计出来的，传统的风险管理只考虑纯粹风险，不涉及投机风险，所以风险清单中也都没有关于投机风险的项目。风险经理在使用这些表格时，要认识到这些局限性，使用一些辅助手段来配合风险清单的应用，弥补风险清单的不足。

（二）保单对照法与保单对照分析表

保单对照法是由保险公司将其现行出卖的保单种类与风险分析调查表融合，以问卷的形式制成表，企业风险管理人员依据此表格与企业已拥有的保单加以对照比较分析的一种识别风险方法。此法纯粹从保险的立场出发，由专家们设计出保单对照分析表供企业界使用。它与保险调查法不同的是使用者必须是具有丰富的风险管理知识的专业风险管理人员，并且调查的侧重点是可保风险。

（三）资产—损失分析法与资产—损失分析表

美国管理学会在制成风险分析调查表后，又设计了资产—损失分析表。该表的内容分成两大部分：一部分为资产，另一部分为可能的潜在损失。

资产包括有形实物资产和无形资产，其中有形实物资产由不动产、个人财产和杂项财产组成。这些资产可能的潜在损失可分为：

（1）直接损失，包括一般不可控制和不可预测的损失、一般可控制和可预测的损失、主要与财产价值有关的损失。

（2）间接损失。

（3）第三者责任损失。

这种分析表是从企业整体出发来分析企业的所有风险的，包括可保风险和不可保风险，结合其他标准调查表，如风险分析调查表，将有助于风险管理人员发现企业所面临的所有风险。

（四）第三者责任损失分析表

这种分析表是从企业整体出发来分析企业的所有风险的，包括可保风险和不可保风险，结合其他标准调查表，如风险分析调查表，将有助于风险管理人员发现企业所面临的所有风险。

二、现场调查法

有的时候，用上面这些方法仍然难以识别出全部的风险，所以风险经理到现场实际检查各个部门的运作是十分重要的，这是风险经理必须做的事情。通过直接观察企业的各种设施及进行的各项操作，风险经理能够深入地了解企业的活动和行为方式。

在进行现场检查前要做好充足的准备，对所要调查的部门及其风险暴露做一个大致的了解，准备好现场调查表，对所调查的每一个项目进行填写。

现场检查的优点非常明显，风险经理可以借此获得第一手资料。同时，在实践中，虽然这是风险经理最直接发现风险的方法，但风险经理毕竟不可能时刻在生产经营的第一线，最了解企业运作的是一线人员，他们不一定都有非常敏锐的风险意识，但风险经理却可以从他们的介绍中觉察到风险。这样，在现场检查之余，和其他部门的交流就显得极为重要，而与各部门管理人员建立和维持良好的关系也有助于管理的促进。这种交流既可以是口头的经常性报告，也可以是书面的定期报告。一套完善的交流制度是现场调查的有效补充，风险经理通过这种交流不仅可以认识到现场调查时没有发觉的风险隐患，还能随时掌握在两次现场调查之间出现的新风险。现场检查方法最大的缺点就是需要花费大量的时间，成本较高。

三、财务报表分析法

财务分析是运用财务报表数据对企业过去的财务状况和经营成果及未来前景的一种评价，可以为评估企业未来的财务风险和经营风险提供广泛的帮助。

财务报表分析是由A.H.克里德尔在1962年提出的一种风险识别方法。虽然，克里德尔发明这种方法的本意是用来分析私营企业的资产状况，但是财务报表分析里的很多概念也能运用于公共部门的管理。克里德尔认为，分析资产负债表、营业报表和相关的支持性文件，风险管理人员可以识别风险管理单位的财产风险、责任风险和人力资本风险等。这是因为，风险管理单位的经营活动最终会涉及货币或者财产，运用财务报表可以发现风险管理单位面临的各种风险。财务报表分析识别风险的方法主要有三种：趋势分析法、比率分析法和因素分析法。

趋势分析法是指根据企业连续期的财务报表，比较各期有关项目增减变化的方向和幅度，从而揭示当期财务状况和营业情况的增减变化及发展趋势。将这一指标同以往各年的可比指标进行对比，才能确定企业本期的经营效益和管理水平，才能分析是否存在着经营风险。同样，企业的成本率、费用率也可以运用趋势法进行分析。

比率分析法是指以同一会计期间的相关数据的相互比较，求出相关数据之间的比例，以分析财务报表所列项目与项目之间的相互关系。比率分析法运用得比较广泛。例如，我国《企业会计制度》对企业资本金、负债、固定资产、证券及投资、成本、营业收入、利润、外币业务、企业清算、财务报告及财务评价等方面作了具体规定，运用比率分析可以对企业财务状况的各个方面做出评价。

因素分析法也叫连锁替代法，是指在测定各个因素对某一指标的影响程度时，必须对各个有关因素有序地进行分析。当分析某一因素的影响时，假定其他因素的影响不变，就可以确定风险因素对风险事故的影响。

财务报表能综合反映一个风险管理单位的财务状况，企业存在的许多问题都能够从财务报表中反映出来，财务报表是基于风险管理单位容易得到的资料编制的，这些资料用于风险识别，具有可靠性和客观性的特点。运用财务报表分析的方法，应对每个会计科目进行深入的研究和分析，研究的结果是按照会计科目的形式编制出来的，可以识别风险管理单位隐藏的潜在风险，防患于未然。财务报表分析法的缺点是专业性强，缺乏财务管理的专业知识，无法识别风险管理单位的风险。财务报表分析法识别风险的基础是风险管理单位的财务信息具有真实性，如果财务报表不真实，就无法识别风险管理单位面临的潜在风险。

四、流程图分析法

流程图分析法是识别风险管理单位面临潜在损失风险的重要方法。流程图分析法是将风险主体按照生产经营的过程、按照活动内在的逻辑联系绘成流程图，针对流程中的关键环节和薄弱环节调查风险、识别风险的办法。

（一）流程图的种类

流程图的类型较多，划分流程图的标准也很多。按照流程路线的复杂程度划分，可以分为简单流程图和复杂流程图。简单流程图是将风险主体的生产经营过程以大致流程进行分析，在进行风险识别的时候，用连线将主要流程的内在联系勾画出来。复杂流程图是将风险主体的生产经营过程详细地进行分析。在进行风险识别的时候，用连线将生产经营过程中的每一个程序及每一个程序中的各个环节均进行详细的分析。

按照流程的内容划分，可以分为内部流程图和外部流程图。内部流程图是以风险主体内部的生产经营活动为流程路线而绘制的流程图。外部流程图是以风险主体外部的活动为主要流程路线绘制的流程图。

按照流程图的表现形式划分，可以分为实物形态流程图和价值形态流程图。实物流程图是以某种实物在生产全过程中运行的路线而绘制的流程图。价值流程图是用标有价值额度的流程路线来反映生产经营过程中内在联系而绘制的流程图。

（二）流程图的分析

流程图绘制完毕后，就要对其进行静态与动态分析。

所谓静态分析，就是对图中的每一个环节逐一调查，找出潜在的风险，并分析风险可能造成的损失后果。动态分析则着眼于各个环节之间的关系，以找出那些关键环节。例如，时尚制衣公司的主料和辅料在加工清洁后都要汇集到半成品库，然后再开始缝制，那么半成品库就是整个生产流程中一个非常关键的环节，且如果发生重大事故，公司将可能面临不能按合同如期交货而形成的产品责任风险。再如，公司有七成的原料来自供应商甲，一旦该供应商不能按期供货，就可能导致公司的连带营业中断。又如，时尚制衣公司的产品90%外销美国，那么，影响美国拒绝或减少购买中国成衣的因素，也是连带营业中断风险的来源。

由此可以看出，流程图法的思路是，依据供货、生产和销售的程序，将公司的运作分成一个一个的环节，再逐一分析这些环节和环节之间的关系。这样更有助于识别关键环节，并可进行初步的风险评估。流程图法的优点在于清晰、形象，基本上能够揭示出所有生产运营环节中的风险，而且对于营业中断和连带营业中断风险的识别极为有效。但流程图法只强调事故的结果，并不关注损失的原因，因此，要想分析风险因素，就要和其他方法配合使用。

五、因果图分析法

风险管理实务中，导致风险事故的因素很多，通过对这些因素进行全面系统的观察和分析，可以找出其中的因果关系。因果图分析法是日本东京大学教授石川馨于1953年首次提出的。石川馨教授和他的助手在研究活动中，用因果图法分析影响产品质量的因素，获得了很大的成功，并被世界许多国家的风险管理部门采纳。

（一）因果图的绘制

因果图法是一种用于分析风险事故与影响风险事故原因之间关系的比较有效的分析方法。在风险管理中，导致风险事故的原因可以归纳为类别和子原因，画成形似鱼刺的图。

（1）确定风险事故。因果图中的风险事故是根据具体的风险管理目标确定的，因果图分析有助于识别风险事故。

（2）将风险事故绘在图纸的右侧。从左至右画一个箭头，作为风险因素分析的主骨，接下来将影响结果的主要原因作为大骨，即风险分析的第一层次原因。

（3）列出影响大骨（主要原因）的原因作为中骨，作为风险分析的第二层次原因；用小骨列出影响中骨的原因，作为风险分析的第三层次原因，依此类推。

（4）根据影响风险事故各因素的重要程度，将对风险事故产生显著影响的重要因素标示出来，有助于识别导致风险事故的原因。

（5）记录必要的相关信息。在因果图中，所有的因素与结果不一定有紧密的联系。将对结果有显著影响的风险因素做出标记，可以比较清楚地再现风险因素和风险事故的内在联系。

导致风险事故的因果图中，风险事故与主骨、大骨、中骨和小骨之间存在着逻辑上的因果关系。其中，主骨在引发风险事故的过程中起决定作用，大骨、中骨和小骨在因果图中是起次要作用的因素，但是，就具体的大骨、中骨和小骨等来说，每一骨所起的作用也是不同的。尽管如此，这些因素会引起主骨的变化，最终导致风险事故的发生。例如，在某企业产品制造工序中，尺寸不合格产品占不合格产品的80%，因此，风险识别的重点就放在了减少导致尺寸不合格的风险因素上。根据车间人员讨论的导致产品尺寸不合格的原因，绘制出因果图。

根据调查发现，装配位置是产生不合格产品的重要原因。尽管操作标准对装配位置有所规定，但是，装配方法没有用图示表示出来，这使装配位置不尽一致，导致产品尺寸不合格，于是，车间管理人员设计了适当的装配方法。用图表示出来，并进行标准化管理，并加到员工的作业标准管理中。

（二）绘制因果图的注意事项

在绘制因果图时，应该注意以下几个方面的问题：

（1）重要原因不遗漏。在确定引发风险事故的原因时，需要充分调查引发风险事故的各种原因，尽可能找出影响结果的重要原因，以免遗漏。在引发风险的各种原因中，确定重要原因对结果造成的影响，是因果图分析的关键；确定为非重要原因的，可以不绘制因果图。

（2）确定原因应尽可能具体。如果确定的导致风险的原因很抽象，分析出来的原因只能是一个大概，尽管这种因果分析图不会出现太大的错误，但是，对于解决问题的作用不大。

（3）风险事故的因果图需要根据结果分别绘制。例如，同一批产品的长度和重量都存在问题，这需要绘制两张因果图来分析长度和重量波动的原因。若许多结果用同一张因果图来分析，势必使因果图庞大而复杂，管理的难度大，难以找到解决问题的对策。

（4）因果图的验证。如果对导致风险事故的原因能够采取措施加以解决，说明问题还没有得到解决，需要进一步细分原因，直到能够采取相应的措施为止；不能采取措施的图形，不能称为因果图。因果图在使用的过程中，需要不断地加以改进。例如，有些因素需要删减，有些因素需要修改，还有些因素需要增加，在反复改进因果图的过程中，最后得到对于识别风险有用的因果图。

（三）因果图分析法的缺点

在运用因果图识别风险的过程，因果图分析具有以下几方面的局限：

（1）对于导致风险事故原因调查的疏漏，会影响因果图分析的结论。从某种意义上说，风险原因调查是否充分，影响着因果图分析的结论。

（2）不同风险管理者对风险因素重要度的认识不同，会影响因果图分析的结论。由于风险管理主体的不同，对风险因素重要度的认识也不同。因此，风险管理者对于风险因素重要度的认识是否合乎逻辑，会影响因果图分析的结论。

（3）风险管理者的观念影响因果图识别的结论。风险管理者的主观想法或者印象，影响着风险管理的结论，因此，在运用因果图分析问题时，可以采取数据分析来分析风险因素的重要性，这种分析比较科学，又合乎逻辑。

六、层次分析法（AHP）法

（一）层次分析法概述

层次分析法是美国运筹学家 Saaty 教授于 20 世纪 80 年代提出的一种实用的多方案或多目标的决策方法。其主要特征是，它合理地将定性与定量的决策结合起来，按照思维、心理的规律把决策过程层次化、数量化。该方法自 1982 年被介绍到我国以来，以其定性与定量相结合地处理各种决策问题因素的特点，以及其系统、灵活、简洁的优点，迅速地在我国社会经济各个领域内，如能源系统分析、城市规划、经济管理、科研评价等，得到了广泛的重视和应用。

（二）层次分析法的基本思路——先分解后综合的系统思想

整理和综合人们的主观判断，使定性分析与定量分析有机结合，实现定量化决策。将所要分析的问题层次化，根据问题的性质和要达到的总目标，将问题分解成不同的组成因素，按照因素间的相互关系及隶属关系，将因素按不同层次聚集组合，形成一个多层分析结构模型，最终归结为最低层（方案、措施、指标等）相对于最高层（总目标）相对重要程度的权值或相对优劣次序的问题。

例如，某人准备选购一台电冰箱，他对市场上的 6 种不同类型的电冰箱进行了解后，在决定买哪一款式时，往往不是直接进行比较的，因为存在许多不可比的因素，而是选取一些中间指标进行考察。例如电冰箱的容量、制冷级别、价格、形式、耗电量、外界信誉、售后服务等。然后再考虑各种型号冰箱在上述各中间标准下的优劣排序。借助这种排序，最终做出选购决策。在决策时，由于 6 种电冰箱对于每个中间标准的优劣排序一般是不一致的，因此，决策者首先要对这 7 个标准的重要度作一个估计，给出一种排序，然后把 6 种冰箱分别对每一个标准的排序权重找出来，最后把这些信息数据综合，得到针对总目标即购买电冰箱的排序权重。有了这个权重向量，决策就很容易了。

(三)层次分析法应用的程序

运用 AHP 法进行决策时,需要经历以下五个步骤:

(1) 建立系统的递阶层次结构;

(2) 构造两两比较判断矩阵(正互反矩阵);

(3) 针对某一个标准,计算各备选元素的权重;

(4) 计算当前一层元素关于总目标的排序权重;

(5) 进行一致性检验。

(四)应用层次分析法的注意事项

如果所选的要素不合理,其含义混淆不清,或要素间的关系不正确,都会降低 AHP 法的结果质量,甚至导致 AHP 法决策失败。

为保证递阶层次结构的合理性,需把握以下原则:

(1) 分解简化问题时把握主要因素,不漏不多;

(2) 注意比较元素之间的强度关系,相差太悬殊的要素不能在同一层次比较。

第五章 企业风险控制的理论与方法

第一节 风险控制的基本方法

一、风险控制的含义

如果企业选择了风险自留，打算企业自己来承担某种风险暴露所带来的经济损失，不能是水来土堰，发生了损失就从相关的会计科目中支付相关的费用，而是要充分利用自身现有的人力、技术和物质资源来防范损失的发生，来减少损失的影响，也就是说要进行风险控制活动。风险控制这个概念经常是对于纯粹风险而言的。因为投机风险的收益总是与风险相伴随的，控制了风险也将控制了收益。对于投机风险，投资者经常是根据自身对风险的偏好和承受能力选择风险程度，通过买卖活动来转移自己不愿意承受的风险的。因此，除特别声明，本章主要介绍纯粹风险控制。

什么是风险控制？我们说风险控制就是规避风险、防范风险、减少或控制风险的损失频率和损失程度所使用的技术、工具、过程和行为。

从风险控制的定义可以看出风险控制的目的就是要改变企业或组织的风险暴露状况，就是减少风险损失发生的频率，降低损失幅度从而减小其影响程度。如果通过某些方法和措施减少了损失发生频率，或者降低所发生损失的严重性，就认为这种风险得到了一定的控制；损失频率和损失幅度减少得越多，风险就得到了越多的控制。

通过风险管理，一家电冰箱生产厂家的电冰箱不合格率从一年前的 5／10000 下降到了 4／10000，我们说电冰箱不合格的风险得到了一定控制；如果在这一年中不合格率从 5／10000 下降到了 1／10000，那么后者得到了更好的控制。

二、风险控制的内容和方法

风险控制大体上可以分为风险规避和损失控制两大类。

(一)风险规避

企业采用风险规避方法就是通过主动放弃或回避某种具有重大潜在风险损失的经营活动或经营行为来避免这种风险损失对企业的财务影响。比如某企业发现一种新产品的市场销路很好,利润丰厚,然而生产这种产品需要用到的一种关键化学物质具有很强的毒性,如果生产过程中稍有不慎,或产品使用不当,会导致大规模的人身伤害,会给企业带来重大的职员赔偿责任和产品责任损失。企业采用风险规避方法可能就是不去生产这种含高毒的产品,或者终止已经投资的这种项目,改为其他比较安全的生产经营项目。

要注意的是,风险规避是一种消极的方法。事实上,在企业生产经营活动中,高风险往往潜在高收益。如果企业采用风险规避方法来对付一种风险,虽然能避免这种风险的损失,但同时也丧失了相应经营活动可能带来的潜在收益,放弃了企业好的发展机会。如果企业在中途放弃,不但丧失了投资获益的机会,还可能产生沉淀资本和其他经济损失。另外,风险是不可消灭的,当企业通过放弃一种经营生产活动回避了这种风险,新的经营活动又可能面临其他的风险。就如同我们害怕飞机失事的风险而不乘飞机,我们必须使用其他交通工具,如坐火车、乘汽车,这又避免不了火车出轨、汽车相撞等伤害事故;即使选择步行,也可能面临被撞伤或摔伤的可能。不过规避风险能改变风险的性质,比如使损失的频率和损失程度不同等。因此,企业对付风险的关键是如何去控制所面对的风险。

(二)损失控制

损失控制方法与风险规避正好相反,企业首先要正视风险,然后采取一定的技术、措施和方法去降低损失频率和损失程度。根据损失控制的效果是事前的还是事后的,损失控制又可以分为损失预防和损失减小。

1. 损失预防

损失预防行为就是在风险事故发生之前,为防止或减少风险损失发生,或者说抑制损失发生的次数或频率的措施和管理活动。例如,出租汽车公司经常地、定期地为所有的出租车进行检修,对出租车司机加强安全责任教育能减少公司出租车交通事故的次数的行为就是损失预防行为。建筑公司在建筑工地规范建筑材料的安全管理,设置保安人员日夜轮班,尽职尽责巡逻工地就是偷盗风险的损失预防措施。

损失预防的具体措施与企业经营特点密不可分,然而有效的损失预防措施一定需要有系统、全面、科学的考虑。对于生产型企业而言,任何减少次品率的措施都是损失预防措施,次品损失有效预防过程需要渗透到每个经营环节,从产品设计、产品加工、产品销售到售后服务。对于保险公司这样的服务型企业,任何防止欺诈索赔的措施都是欺诈风险的损失预防措施;欺诈损失的有效预防应贯穿于整个保险流程,从险种开发设计、保单销售到承保、核保、核赔全过程。

2. 损失减少

前面讲过防范风险损失是风险管理科学的核心，然而，风险损失经常防不胜防。为此，我们需要一些配套措施，尽量使损失程度达到最小。减少损失行为的目的就是要使不可避免的损失及其后果达到最小化。

损失减少是为事后所做的准备或措施。为此，损失减少措施又可以分为两类：损前措施和损后措施。顾名思义，损前措施就是在风险损失发生之前就已经安排的防范措施，以减少受损标的物的数量或损失的程度。例如，建筑物在建筑施工过程中设置防护网既可以避免施工人员不幸摔落时严重伤亡，又可以当重物坠落时不会直接损毁财物或伤及过路人的生命和财产，至少可以起到一定缓冲作用，降低损失的程度。建筑架上设置防护网就是一种损前措施。损后措施主要是指损失发生后的对生命和财产的紧急救护措施，为维护自己名誉、地位和经济损失的法律救助和宣传措施，以抑制损失的进一步扩大或事态的恶化。

三、损失控制措施

企业应如何控制损失？如何防范损失发生？如何将损失程度及其后果降到最低？是通过职员管理还是通过对企业财产和物资的管理，还是从技术管理着手？或者说，什么样的措施对损失控制有效？或者有哪些可借鉴的典型方法？显然这些问题的回答依赖于企业特点及内外部环境。在这里我们只介绍实际中常用的典型方法，在第二节我们将通过介绍多米诺骨牌理论从分析人为因素着手探讨一些损失控制的一般方法，在第三节中将通过介绍哈顿能量释放原理引入一些从物资管理着手的损失控制方法，在那里我们还将看到控制管理失误的方法。

（一）风险分离

俗话说"不要把所有鸡蛋放在一只篮子里"，这一谚语反映了风险分离的实质。按照这种方法，应该将面临风险的标的物分割成许多独立的较小的单位，并通过限制每一较小风险单位的最大损失来实现损失减小的目的。在实际中，风险分离方法有许多的实践。例如，银行贷款所遵循的一般原则：单一贷款人的贷款比率不能过大，比如我国规定，单一贷款人的授信额度不能超过银行资本金的25%，以防范贷款集中度过大的风险。企业对计算机信息数据实行重复拷贝和异地存放是另一种风险分离的例子。

（二）风险集中或风险结合法

风险集中法是与风险分离法相对立的方法，不但不分割风险单位而且将一些独立的风险单位通过汇聚、集中的方法组合起来后加以控制损失、抵御风险。比如企业并购、重组、联营就是风险结合的范例。保险公司通过承保汇聚大量风险单位更是风险集中的典型例子。这是否与前面的方法相矛盾？在第七章风险融资方法介绍过程中，我们将看到大规模公司比小规模公司具有更多的独立风险单位,更有利于风险损失的自然规避和合理预测,更有利于降低风险管理的成本。而且大规模公司比小规模公司具有更强的风险承受能力。因此,对于企业整体风险而言,风险集中也是一种风险损失控制的有效方法。小公司也可以通过加入风险自留集团互助保险等方式实现风险结合。

(三)风险控制下合同转移

风险控制下合同转移就是通过合同约定,转让人有权要求受让人在从事特定的活动时承担相应的风险。

这类合同经常出现在租赁和产品买卖过程中。比如房屋租赁过程中,房东或出租人与承租人签订的租用合同规定在租用过程中房屋内设施(包括房东所有的)因火灾或偷盗等导致的损失由承租人承担就是一种风险控制下的合同转移。在商品买卖过程中签订的买卖合同通常属于这类合同转移方式,即合同的条款一般将风险从卖者转移给了买者。

例如,甲将房产(及家具,或机器、设备、汽车等)出租给乙时,与乙方签订合同:乙方承担租赁过程中这些租用财产受到损毁的风险损失,那么甲采用了风险控制下的合同转移。

值得注意的是,不是所有风险都可以通过合同转移的,例如涉及人权、人的生存方面的风险就是例外。

特别的风险和损失需要特别的风险控制方法和措施。相同的风险暴露在不同的环境下也需要不同的风险控制方法。事实上,在一定情形下的是好的风险控制方法,而在另外情形下可能会增加损失发生的频率和损失程度。例如,携带氧气罐在缺氧区域工作能减少因缺氧而死亡的风险,但在高温、高压的环境下可能增加火灾风险。

第二节 多米诺骨牌理论及其应用

一、风险的人为因素

如何有效控制风险?在风险控制过程中应遵循什么样的原则?有专家称"公司经营失败,罪魁祸首是其员工"。这一断言不无道理。我们先来看看下面的数据信息。

美国肯塔基州危机管理研究院曾给出这样一个研究结果:20世纪90年代发生在企业的56000条危机新闻中,有78%的危机直接或间接与管理层的决策失误有关。

德国奔驰从其公司多年来事故预防方面的经验教训总结所得出的结果是,至少有80%的事故是人为因素造成的,这些因素包括职员的知识或能力有限没有识别事故的潜在性，也包括人为失误；组织的原因不到1%，技术上的原因占5%左右，其他原因占13%，还有3%左右原因不明。考虑到组织和技术也与人有关，与人为因素相关的事故几乎达90%。

全球各种重大风险损失（包括自然灾害、人类犯罪和其他重大事故造成的损失等）：从损失金额看，2001年全球人为因素导致的损失占71%，自然灾害损失占29%；从事故数量看，全球人为因素导致的事故数量在2000年和2001年分别为66%和65%。

二、海因里希的多米诺骨牌理论

多米诺骨牌理论是由美国人海因里希在20世纪30年代关于工业安全公理基础上提出来的控制事故发生的理论。海因里希是一个安全工程师，多米诺骨牌理论基于他对美国20世纪20年代工业事故原因所做的统计分析结果。他发现有1/3的火灾是由人为的过失造成的，其中88%的造成员工人身伤亡的工业事故是由人们不安全的操作行为引起的。后来他把导致伤害的事故原因分为五类：①血统和社会发展；②个人的过失；③不安全的行为；④事故本身；⑤伤害和损失。而且他认为这些因素具有一定的因果关系，并形象地用五张骨牌表示。

"血统和社会发展"指的是先天遗传或后天的环境影响所造成的不良素质，例如，由遗传带来的鲁莽、固执、叛逆、急躁等性情，教育、宗教、战争、经济状态等环境影响所造成的情绪和精神状态等。

"个人的过失"是指由于情绪低落、疏忽、故意或无知等所引起或导致的不当行为。比如随意丢弃烟蒂，工作时心不在焉、打瞌睡等。

"不安全的行为"可能导致人身或财产处于危险状态的事件。比如在森林中乱丢未灭的烟蒂，工人在未加警告时开动机器，或打开电源开关，非建筑人员在建筑工地走动、酒后驾车等。

"事故"是可能产生伤害的事件，如人员从高空坠落、坠落物体砸到人或物，未灭烟蒂引起大火。

"伤害和损失"是指事故导致的人员伤亡和财产损毁。

按照该理论，五个因素具有一定逻辑顺序关系。"伤害和损失"是"事故"的结果，"事故"是由"不安全的行为"产生的，"不安全的行为"来自"个人的过失"，"个人的过失"与"血统和社会发展"有着密切的联系。如果能消除前面几个因素中的任何一个，这种关系链就会断裂，一定程度上可以避免事故发生，防止"伤害和损失"。对于单个企业、组织或个人来说，改变第一张"骨牌"——"血统和社会发展"是不可能的，完全控制"个人的过失"也是非常困难的。因此，控制第3张"骨牌"，避免"不安全的行为"是防范伤害最有效的途径，也是最经常采用的控制损失的途径。

三、多米诺骨牌理论的应用

多米诺骨牌理论中五个因素按先后顺序，一个是导致另一个发生的重要原因。因此，按海因里希的理论，人的因素是导致风险损失的关键，是损失控制的重点。

按照这一理论风险管理应"以人为本"，控制风险损失应以职员以及相关人员的管理为中心，应以抑制人的过失行为、控制人的不安全行为为核心。这些思想在实际中已经得到广泛的应用。

（一）控制"伤害和损失"从第一张牌"血统"入手

在日本，人们普遍认为血型能决定一个人的性格、气质和缘分。例如，日本人普遍认为：O型血的人性格特征是热情、坦诚、善良、讲义气，办事雷厉风行、踏实苦干、效率高；B型血的人聪明、思路广、拓展力强、最怕受约束等。因此，在日本，许多企业招聘职员时都要求应聘者填报血型，并根据企业经营和作业的特点选择一定血型的职员。显然，血型是血统遗传的重要方面，在多米诺骨牌理论中属于第一张骨牌因素。对照多米诺骨牌理论，这相当于控制风险从源头开始，从最基础的因素着手。

（二）控制"人的过失"行为

人的性格与特质除了与先天遗传因素有一定的关系外，还受出生地、生长、学习、工作环境的影响，受周围人和事的影响。换句话说，后天的环境和许多因素可以改变人的性格。其实，人的过失行为受制于许多方面，例如，人的性格、情绪、所拥有的知识、经历等。除了血统，其他许多方面都可以通过教育、管理和引导来改变。例如，对于火灾的损失控制，教育、引导和监督可防范职工疏忽、怠慢；规章、惩罚、安全管理制度等可以防范和减少纵火等故意犯罪行为；培训、人才选拔制度可防范和减少因知识不足造成的技术故障或其他失误，健全的制度和规范的作业程序和要求可以约束职工的行为，促使职员树立高度的责任心，从而少出差错。

我们一般将"人的过失"归因为三个方面，即三个基本风险因素："无知""无能""无劲"。

一个人"无知"体现在缺乏必要的知识基础、缺乏相关的经验，如那些学历低的初学者或新手。具备相当学历和文化功底的人，或由于就职岗位的错位，或由于自身管理的魄力和能力不够，或由于所处的环境和管理机制不协调，使其不能真正发挥自己的所长，那么他或她就可能表现为"无能"了。"无劲"是指缺乏工作的热情或动力。职员缺乏责任感，或由于发觉待遇不公而生怨气，或因制度不规范、不明确而丧失积极性等所造成的对工作的消极态度就属于"无劲"。

（三）支撑第三张骨牌——控制不安全行为

海因里希的多米诺理论中事故控制的关键是控制"不安全行为"。因为人的血统和社会环境是难以改变的。由于性格差异、出生背景的不同和生活环境有别，人会有各种各样的错误和过失，完全消灭人的过失行为也是困难的。虽然培训、教育和其他职员管理措施可以减少人为过失，但需要一定的时间，需要大量前期投入。因此，控制第二张牌未必能起到"立竿见影"的效果。为此，我们可以通过下列方法减少人的不安全行为。

首先，类似于人的过失行为的防范，应对职员进行安全、道德、责任、技术等方面的教育和训练；应因才施用、用人为贤使具有能力的人在适合他能力的岗位上工作；对缺乏知识和技能的员工经常进行技术培训和职业教育；应建立适当的规则和标准，要求职员严格遵守和执行，有关部门能经常监督等。

其次，还应对物质、环境等方面采取适当防护或缓冲措施以避免或减轻人的过失行为造成的不安全后果。按照海因里希的多米诺理论，产生不安全行为的基本原因是人的行为（直接因素）与物质环境（间接因素）在适当环境下的相互作用有可能产生不好的后果。例如，一个人随意丢弃未灭烟蒂是过失行为，如果这种行为发生在大理石铺就的空荡广场上，就不是不安全行为；但如果是在一个炎热夏天的森林或摆满易燃物品的商场，这就是严重的不安全行为了。为了防范不安全行为，以商场为例，一是在过路人显眼处竖立警告牌或特别醒目的标示物对那些严重安全隐患进行告示，引起相关人员的警觉；二是在顾客或工作人员经常来往的过道不要摆放易燃物品，或让商品摆放有序，或用防火包装隔离等。

第三节 其他损失控制理论及其应用

海因里希的多米诺理论因过于强调人的因素而存在一些不足之处，一些专家对此提出了许多改进甚至提出了全新的风险控制理论，使风险控制理论得到了发展和完善。

一、丹皮德森第6个因素

丹皮德森首先赞同海因里希的多米诺骨牌理论，仍然认为人的因素是最为重要的导致伤害和损失的原因，然而该理论也有不足之处，忽略了管理的作用。因此，丹皮德森在海因里希的骨牌理论的5个因素基础上还增加了第6个因素——管理的错误。这一因素与其他5个因素处于随时可能发生的状态，并强调在每一事故后面并非只有一个因素，而是有许多因素和原因。

二、哈顿的能量破坏性释放原理

哈顿认为海因里希的多米诺骨牌理论低估了机械原因产生的效应，过分地强调了人的过失；实际中由于安全性能太差的设备导致的事故并不是职员过失行为引起的。在 20 世纪 70 年代，哈顿提出了自己的理论。该理论强调引起损失的物质因素，提倡重视机械或物质因素管理、创造一个更为安全的物质环境；按他的理论，物质因素导致事故的基本原因是能量失控；因此，防范事故产生、减少伤害的关键是控制相关的能量，或减少能量释放过程造成的伤害。如何控制能量失控呢？他提出了 10 种策略，其中每种策略都可以抑制或阻碍某类事故发生。这 10 种策略是：

防止能量的聚集。例如，禁止员工爬到危险的高度；限制汽车超速行驶。

减少已聚集的可能引发事故的能量。减少已爬到危险高处的人数；降低车速。

防止已聚集能量的释放。在高空作业的周围安装防护栏杆；车道两边安装防护栏杆或围墙。

减慢能量释放的速度。如在建筑过程中安装防护网，以缓解物体坠落的速度。

从时间和空间上把释放的能量与易损对象隔离开。如用围墙或栏杆将房屋拆迁工地与行人区域隔离；将自行车道与汽车道用绿化带或栏杆隔离。

用物质屏障达到能量与易损对象隔离。如要求在有毒物质区域工作的职员穿戴防护服装和防护罩。

改变接触面的物质以减少伤害。

加强易损对象对所释放能量的抗护能力。如对易燃的经营环境使用防火材料。

减轻发生的事故的损害。如设置及时、快速救护的机制或应急措施。

事故发生后的恢复或复原措施。如对伤残人员的恢复措施，或对被损毁的机器、设备和建筑物的修复。

哈顿的 10 个风险控制策略可以分为三组：

第 1~4 个策略旨在控制可能导致危害能量的形成和释放速度，从损失源头着手，来减少损失的频率和损失程度；

第 5~8 个策略是从受损标的的角度考虑防范损失和伤害产生的概率和受损程度，其实这些策略是与防范和减少不安全行为类似的措施；

最后两个是对损失发生后的补救策略，以尽量减小损失的程度或严重性。

哈顿的能量破坏性释放原理显然主要适合于事故原因主要来自物体冲击和作用，而非人为因素的情形。控制损失的方法也主要是控制物质能量的释放过程中带来的危害。如更换物质以改变能量释放的形态，减少损害；将人与物质隔离防范人员受到伤害；规范有序地管理物质，如保持干净的环境、谨慎处理废品、定期清洗或上油等等，以保证机器正常运转，减少事故发生的概率。

三、作业检查技术系统

作业检查技术系统 TOR 首先由威福提出，被一些安全管理咨询专家认可。作业检查技术系统关注的是企业经营管理过程中由于管理的错误或组织不到位而导致经营目标不能实现的损失控制问题。

导致管理错误的主要原因如下：

缺乏训练和指导。如对于在新环境中作业或使用新的工具的人没有给予必要的提醒和指导；对新手没有给予必要的训练，或训练不充分；没有实用的说明书；出错后不能及时纠正；监管者不能清楚地告知可能导致事故的缘由或某些行为的危害，或者不能虚心听取职员的意见和见解等。

不能履行职责。职责不清；目标不明确；责任不到位或多重责任；短期责任与长期责任，或局部责任与整体责任相矛盾；激励和约束机制不恰当或不能真正实施等。

职权不明晰。例如，多个上司，多套命令，而且相互抵触；决策远离实际问题；处理实际问题时权威不够；相互推诿，使所有问题都集中到上司；行政命令不清晰，或不被理解，或不能推行，不能达到理想的效果；下属不能履行其职责或缺乏处事的权力。

不充分的监管。例如，监管者缺乏自信，压力过大，充满不安全感，以致影响监管效果；监管者不能树立好的榜样；不能及时监督和纠正；不能建立必要的规则或者不能有效地实施这些规则；不能及时发现问题，或者对发现的问题不能有效解决或施加影响；不能采取有效的监管行动，或者采取的是错误的监管措施；缺乏团队精神，职员与监管者不能齐心协力；各监管者不能分工合作，协同工作。

作业场所混乱无序。例如，缺乏整体布局规划、缺乏时序安排、缺乏统筹计划，作业工具和设施堆放、搬运路径、储存缺乏科学安排，杂乱无序；由于监督检查制度不健全、维护不到位，使环境缺乏安全感；由于管理程序不规范、监管不到位，导致财产流失；职员缺乏积极主动维护有序性的激励和约束。

不适当的计划与组织管理。

职员能力的缺乏。用人不当，职员不能充分发挥自己的能力或者能力有限不能胜任岗位工作和职责。

不合理的组织架构和编制。

为了有效控制损失，企业应弄清楚管理中的错误以及这些错误相互之间的关系，并提出针对性的对策。

四、风险链

以上理论都有自己的侧重点和分析思路。以下的风险链给出了一个一般的分析框架，企业风险经理可以按照这一分析框架把风险事故进行分解，寻找控制事故不良后果的有效控制措施和方案。

下面我们使用这一分析框架来考察一个实际案例。2001年4月上海市共和新路旁一幢旧房拆迁时，一水泥横梁斜射自行车道，将一名19岁的女大学生当场砸死。据调查，拆迁工地与人行道之间没有安全防护设施，附近也没有警告牌，拆迁人员是临时工，施工前没有进行安全培训和教育。

在这一案例中，"风险因素"就是旧房拆迁过程中重物坠落，或部分墙体坍塌；"风险因素所在的环境"是交通道旁，行人往来，旧房拆迁；"风险因素和环境的相互作用"体现在行人与坠物在时间和空间上的巧合；"相互作用的结果"当然就是女大学生被砸；"后果"是女大学生死亡，其家人的痛苦，要求索赔，拆迁公司给予经济赔付。

其实有很多的措施和途径可以避免这样的悲剧发生。

（1）对拆迁民工进行安全培训和教育，并建立约法三章的奖惩制度，以减少拆迁物质坠落这一风险因素发生的概率；

（2）设置防护网或围墙使行人与拆迁工地尽量远距离地隔离，尽量避免风险因素和受损标的（人员与财产）相互作用的时间与空间；

（3）关键时段禁止路人通行，避免风险因素与受损标的的相互作用。

第四节　损失控制的成本—效益分析

一、风险管理的成本与代价

（一）风险控制的成本与代价

1995—1996年英国受疯牛病困扰；为了防止疯牛病发生变异，感染人类，英国政府直到1997年还在禁止销售牛肉和牛骨。1997年中国香港因小范围爆发鸡禽新型流感，政府出资屠杀并销毁了100万只鸡禽。2001年"9·11"事件后，炭疽病毒导致美国政府关闭大量的邮政局和司法部门。2001年上海市为了10月17—21日的APEC会议的安全，动用了大量的公安干警和武警官兵进行了1年多的准备和训练，建立了6道防线和水陆空立体"安保决战"系统。

（二）风险管理成本节约的代价

1992年美国芝加哥一河底隧道因部分发生渗漏引起洪灾，导致经济损失达10亿美元。然而，据报道，在发生渗漏之前已经发现潜在问题，若及时采取修补防范措施，费用大约只需15000美元。

1999年11月我国广东省珠海市欧亚商都发生巨大火灾，火势延续30多个小时，几千台电冰箱、彩电以及其他许多贵重物品燃为灰烬。在这次救火过程中，消防队动用了50多台救火车、高压水龙头，由于水压不够，火势延续30多个小时才被扑灭。在火灾发生之前，消防部门已向该商场提出过几次警告，因为商场没有安装必要的火灾自动报警装置和其他自动救护措施，没有办理安全方面的相关申请手续。

二、成本与效益权衡

（一）风险控制成本—效益的权衡

损失控制的目的就是要减少损失发生的频率，减小最大可能损失的价值，减小经营过程中的不确定性和增加现金流量的稳定性，从中获得经济效益和安全感。损失控制需要支付费用和成本，也有代价。有效的损失预防措施的实施需要对相应的风险因素和发展机理进行一系列的分析研究，需要投入大量的时间、资金和技术。在损失预防过程中，随着损失频率的降低，控制成本也将增加。更进一步来说，好的损失预防措施确实有助于防范风险，降低损失频率，但是想要彻底避免风险，损失频率完全变为零一般是不可能的。如一些企业提出零风险、零事故率的口号是不科学的。实际上，要实现损失频率为零的目标，风险管理的成本是高昂的。因此，有效的风险控制就是对成本与效益进行权衡，要以较低的成本获得较大的经济效益，或争取较高的成本—效益比率。

（二）成本—效益

如何评价成本—效益？如何提高成本—效益比率？

为明确起见，我们以火灾风险的控制为例，并且考虑简单情形，损失控制措施就是安装自动喷洒头。假设W公司有大量易燃货物存放在仓库里，正考虑是否安装可以由热和烟触发的喷洒头来防范和控制大的火灾以减少损失。那么，

（1）损失控制措施的成本包括喷洒头购入费用和安装成本及喷洒头的维护费用。

（2）安装自动喷洒头这一损失控制措施的可能收益有：与不安装自动喷洒头相比期望损失减少的部分；因减少了期望损失而导致现金流增加的部分。比如，能使企业继续把握投资机会，减少了忧虑能专心经营致使经营效益增加。如果企业购买了保险，因具有良好风险控制措施致使以后保费因优惠而减少的部分。与不安装自动喷洒头相比额外经营费用增加部分。如没有安装自动喷洒头而导致大火，企业为了不中断经营

而加班加点、加急采购原材料或中间产品，若需要外部融资时融资成本如贷款利率增加以及为消除不利影响增加的费用等。

（三）风险控制成本—效益权衡的困难

在上面的例子中，安装自动喷洒头的成本是可预见的。首先，自动喷洒头的购置和安装是先期投入，而且占相当大的份额；维护费用也可以合理预测。然后安装自动喷洒头后所得到的效益经常是难以把握的。第一，效益要在未来使用中逐渐实现；第二，火灾的期望损失基于火灾发生的概率以及损失程度的概率分布；第三，企业现金流的流入或流出还取决于许多其他因素，如经营效率、市场环境等。另外，未来费用的节省经常也具有不可比较性。总之，损失控制的成本支付是看得见的，而损失控制带来的效益则是无形的，未来才可实现的，不确定的。

三、风险控制与风险的平衡

是不是在任何情形下，风险损失控制得越彻底越好？回答是否定的。下面我们将有些富有哲理的观点和理论简单列述给读者，望读者从中悟出个中道理，并且找到它们应用的场合和领域。

风险与回报的适度平衡。一位著名风险管理专家认为："一个公司如果没有适当的风险控制是不会成功的；然而一家完全厌恶风险的公司也同样不会成功。"

风险本身不是风险。通俗点说就是，并非风险对企业长期的发展和成功目标构成威胁，只是过度的风险、风险得不到有效控制或缺乏风险意识会给企业带来这种威胁。

"风险—动机替换"。我们做任何事情都有愿望，或出于某些动机或动力，可能希望获得较高收益，或者意欲防范、减少风险损失，或者为了获得做"遵纪守法、讲诚信讲义气"的赞誉等。在追求收益、实现愿望的过程中也伴随着风险，需要承担费用或代价。实际上，存在这样的规则：当我们减少风险的时候，也将减少与之相随的动机或动力。这就是著名的"风险—动机替换"规则。

保险公司在经营过程中就经常会遇到体现"风险—动机替换"规则的现象。例如，投保人购买财产保险后，对保险标的的风险防范意识减弱了；如果保险标的一旦发生损失后，被保险人可以从保险公司获得全部经济损失的补偿，那么，被保险人控制保险标的损失的动机也将完全消失。（若不考虑其他道德规范约束）

风险控制的策略应该使风险与动机达到理想的平衡状态。对于保险公司来说，有许多平衡风险与动机的措施。例如，部分保险、绝对免赔额、相对免赔额、最高保险金限额等，其目的是使投保人承担一定风险，以便具有防范风险的动力。

第六章 风险管理过程中的内部控制

第一节 内部控制的发展历史

内部控制起源于企业内部的权力的相互牵制,以账目间的相互核对为主要内容并实施岗位分离,这在早期被认为是确保所有账目正确无误的一种理想控制方法。这一思想后来的发展认为,内部控制应分为内部会计控制和内部管理控制(或称内部业务控制)两个部分,前者在于保护企业资产,检查会计数据的准确性和可靠性;后者在于提高经营效率,促使有关人员遵守既定的管理方针。由于内部会计控制和管理控制是不可分割、相互联系的,因此20世纪80年代西方学者又进一步提出了内部控制结构的概念,认为"企业的内部控制结构包括为合理保证企业特定目标的实现而建立的各种政策、规则和程序",并且明确了内部控制结构的内容为控制环境、会计制度和控制程序三个方面。从现代企业管理理念看,内部控制已经成为企业内部管理的重要环节,是企业持续稳定增长的制度保障,其目的在于规范公司治理,规范公司运营,维护单位财物安全,降低成本,防范经营、财务、法律等各种风险。

内部控制是一个过程,受企业的董事会、管理层及其他人员影响,并为实现企业目标提供合理的保证。对于上市公司来说,良好的内部控制不仅可以降低经营风险,帮助企业审慎经营,同时也是取信于投资者的重要因素。

内部控制的发展大致经过了三个阶段:萌芽期、发展期、成熟期。

一、萌芽期——内部牵制

在萌芽期的时候,内部控制叫作内部牵制,内部控制过程最早就是一个内部牵制的过程。顾名思义,就是企业内部的各个部门之间、人与人之间的权利相互制约,相互牵制。企业内部这种对权利的互相制约制度,减少了企业中发生经营腐败的可能性,减少了企业经营管理中的漏洞。例如,在古罗马时代,对会计账簿实施的"双人记账制"——某笔经济业务发生后,由两名记账人员同时在各自的账簿上加以登记然后定期核对双方账簿记录,以检查有无记账差错或舞弊行为,进而达到控制财物收支的目的,即是典型的内部牵制措施。

二、发展期——内部会计控制与内部管理控制

内部控制作为一个专用名词和完整概念，直到 20 世纪 30 年代才被人们提出、认识和接受。1934 年美国《证券交易法》中首先提出了"内部会计控制"（internal accounting control system）的概念。美国审计程序委员会（Committee on Accounting Procedure, CAP）下属的内部控制专门委员会 1949 年对内部控制首次做出了如下权威定义："内部控制是企业所制定的旨在保护资产、保证会计资料可靠性和准确性、提高经营效率，推动管理部门所制定的各项政策得以贯彻执行的组织计划和相互配套的各种方法及措施"。

1953 年 10 月，CAP 又发布了《审计程序公告第 19 号》（SAPNo.19），将内部控制划分为会计控制和管理控制。前者保证财务、会计、经营信息的可靠性和准确性。信息的可靠性和准确性，实际上跟企业保护资产、降低成本是关联的，是为制定正确的企业经营决策提供的一个保障。后者则保障企业的各项措施、政策、程序、规定能够得到顺利的执行。

1972 年，美国审计准则委员会（Accounting Standard Board, ASB）在《审计准则公告第 1 号》（SAS No.1）中，对管理控制和会计控制提出今天广为人知的定义：（1）内部会计控制。会计控制由组织计划以及与保护资产和保证财务资料可靠性有关的程序和记录构成。（2）内部管理控制。管理控制包括但不限于组织计划以及与管理部门授权办理经济业务的决策过程有关的程序及其记录。这种授权活动是管理部门的职责，它直接与管理部门执行该组织的经营目标有关，是对经济业务进行会计控制的起点。

三、成熟期——内部控制结构和内部控制整体架构

（一）内部控制结构（internal control structure）

1988 年 4 月美国注册会计师协会发布的《审计准则公告第 55 号》（SAS N0.55）规定，从 1990 年 1 月起以该公告取代 1972 年发布的《审计准则公告第 1 号》。该公告首次以内部控制结构一词取代原有的"内部控制"。

（二）内部控制整体架构（internal control–integrated framework）

1992 年，美国反对虚假财务报告委员会（National Commission on Fraudulent Reporting）所属的发起机构委员会（Committee of Sponsoring Organizations of the Treadway Com-mission, COSO），在进行专门研究后提出了专题报告《内部控制：整体架构》（Internal Control：Integrated Framework），也称《COSO 报告》。参与《COSO 报

告》的主要机构包括美国注册会计师协会、内部审计师协会、财务经理协会、美国会计学会、管理会计协会。《COSO报告》指出，内部控制是一个过程，受企业董事会、管理当局和其他员工影响，旨在保证财务报告的可靠性、经营的效果和效率以及现行法规的遵循。它认为内部控制整体架构主要由五大要素构成，分别是控制环境（control environment）、风险评估（risk assess-ment）、控制活动（control activities）、信息与沟通（information and communication），以及内部监督（monitoring）。

2004年10月，COSO委员会对《COSO报告》做了进一步的延伸和扩展，提出了《企业风险管理：整合框架》（Enterprise Risk Management：Integrated Framework）。

第二节 内部控制的目标和原则

一、内部控制的常见目标

内部控制目标，是企业希望通过内部控制达到的目的，是决定内部控制运行方式和方向的关键。内部控制目标通常包括如下内容：

（一）保证法律法规和企业内部规章制度的贯彻执行

为了协调企业的资源和行为以实现企业目标，企业管理者须制定企业内部的政策、计划和程序，即常说的内部规章制度并以此来监督企业运行。此外，企业生存在一个社会环境中，还必须服从由社会通过政府（包括本国政府和有商业往来关系的外国政府）制定的法律法规。企业要保证这些法律法规和内部规章制度得到贯彻执行并不是容易的事。防范法律方面的风险、保证企业规章制度的贯彻执行对一个企业的健康运作非常重要。

（二）保证企业自身发展战略和经营目标的全面实施和充分实现

企业的战略管理和战略实施是企业管理和企业发展最核心的问题。战略决定了企业未来的发展方向、发展道路。为了保证企业制定的发展战略能够得到实现，企业必须要有一个强有力的并且完善的内部控制制度——内部控制是企业提高管理水平和执行力的重要环节。从经营的角度来看，企业要有效实现经营目标，就必须及时对各类资源（财产、人力、知识、信息等）进行合理的组织、整合与利用，这就意味着这些资源要处于控制之下或在一定的控制之中运营。如果一个企业未能实现其目标，那么该组织在从事自身活动时，一定是忽视了资源的整合作用，忽视了经济性和效率性的重要性。

（三）保证企业风险管理体系的有效性

内部控制的根本目标在于维护公司的长治久安，促进企业平稳发展。因此，内部控制必须以保障企业风险管理的有效性为己任，防范公司经营运作过程当中的各种风险，保证公司的经营活动和管理活动运转正常，保证风险管理体系的正常。

（四）保证企业业务记录、财务信息及经营信息得到及时、完整和真实的反映

管理的根本在决策，决策的根本在选择，而信息则是选择的基础。无论对于一般企业，还是对于银行、证券公司，保证各项业务记录、财务信息及其他管理信息的及时、完整和真实对于企业堵塞各种财务漏洞具有非常重要的意义，也是企业科学决策、正确决策的基础。

（五）防范利益冲突对企业的损害与企业资产流失

组织是人构成的，组织内部的利益冲突以及个人与组织的利益冲突自然在所难免。内部控制的重要目标之一，就是要防范这些利益冲突对企业可能造成的伤害，特别是要防范个人为私利而损害企业利益的行为及由此产生的企业资产浪费和流失。

（六）经济且有效地利用组织资源

因为所有的组织都是在一个资源有限的环境中运作的，一个组织实现其目标的能力取决于能否充分且高效地利用现有的资源，制定和设计内部控制必须根据能否保证以最低廉的成本取得高质量的资源（经济性）和防止不必要的多余的工作和浪费（效率）。例如，一个组织能够经济地取得人力资源，但可能因缺乏必要的训练和不合适的生产计划而使工作效率很低。管理者必须建立政策和程序来提高运作的经济性和效率，并建立运作标准来对行动进行监督。

二、内部控制目标的实现途径

影响内部控制目标实现的制约因素错综复杂。但通过系统研究和归纳，我们可得出有效实现内部控制目标的途径。

（一）适应外部控制环境，改善内部控制环境

控制环境包括组织的外部环境和内部环境，为实现组织的最高目标，内部控制必须谨慎设计以适应环境。

就外部控制环境而言，企业为了立足社会，必须服从于社会通过法律和法规、商业道德规则，以及外部利益相关者合理的利益诉求，尽管管理者不能轻易地对外部环境施加影响，但为使内部控制能够有效运行，管理者一定要建立一个内部控制系统来确认和满足组织的外部环境要求。例如，顾客的需求便是一个越来越重要的外部要求。

人们正在寻求通过管理技术如全面质量管理不断改善整个运行过程，明确要求内部控制要包括严格的质量保证和监督方法，以满足组织外部要求。

组织的内部控制环境是指那些可由管理者自身主观努力而设计和决定的影响因素。如组织形式、组织结构、组织形象、员工行为、资源规模与结构等，这些众多的因素又影响和决定着组织的组织文化。组织文化涉及员工对组织运行方式的集体感受，对组织如何处事的共识。因为组织文化既反映又影响员工的态度与行为，如果组织文化是有益的，那么控制一定要有利于这种文化。在一个组织中，如果其文化氛围是官僚和墨守成规的，员工就倾向于遵从"本本主义"的行为方式；相反，在以顾客为导向的文化中，"什么事都有可能发生"便会盛行。以顾客需求定位的组织文化鼓励创造和革新，而前者对此是否定的。由于建立科学的内部控制目标与方法对培养主动性和革新文化又不失限制，所以，组织文化对内部控制具有重要意义。

（二）员工的积极性是决定内部控制运行的行为因素

了解控制对人的行为的影响，对内部控制的有效运行至关重要。为实现控制目标，我们必须认识到人们的正常需求，并尽可能减少不正常的行为发生。具体而言，就是在充分重视和尊重员工在内部控制中的作用的同时，强调员工的积极性。与早期的等级结构相比，现代组织更富有弹性，并鼓励员工更多地参与管理。即使在最简单的组织中，相互作用的组织结构也要求有共同的目标和指导，以通过战略、战术决策和操作控制过程来实现这些目标。尽管控制的目的是调节组织行为以实现组织目标，但这不只是简单地减少那些阻碍实现目标的行为。为了防止和解决问题，内部控制系统一定要激励那些对实现组织目标有积极作用的行为。因为内部控制本来就具备"激励那些对实现组织目标有积极作用的活动；防止那些威胁组织目标实现的行为"的双重功能。

尽管"控制"一词通常与限制行动联系在一起，但是如果要保持竞争力，现代组织一定不能僵死和缺乏弹性。面对放松管制、不断增长的竞争，生机勃勃的金融市场，飞速发展的技术创新及流动的、充满希望的劳动力，现代组织需要比以往更加敏锐和富有活力。尽管政策和程序是维持可靠的系统和保证前后一致的行动所必需的，但如果这些程序和制度过于压抑和束缚人，一旦出现问题，员工便无力解决。因此，组织应当努力培育一种奖励员工、鼓励创新、正直可靠的控制环境。

当然，控制也会因员工的不理解、马虎、疲劳而丧失效率，同时，控制也可能因员工的不理解或不认同而产生敌意并采取消极的态度，这些意外事件和行为都会对组织目标构成威胁。所以，一个健康的内部控制系统应当既能推动对实现组织目标有贡献的积极行为，同时也能防止危害行为和事件的发生。

（三）控制成本是衡量控制效益的关键因素

控制只有在经济上可行或处于有关健康、安全等类似的"至高无上"的观念考虑才能得以实施。任何控制行为均会产生成本，控制成本包括控制自身的有形成本、由于实施控制而造成的机会和时间的丧失以及员工对控制的反感和不满所造成的损失等。在内部控制的设计和运行中，一定要将这些成本与不实施控制而产生的意外事件、错误、低效率和舞弊使组织受到损失的风险联系在一起进行权衡。一般来说，潜在的损失是单一事件的价值、事件发生次数及事件所造成风险的函数。潜在损失将明显随着其价值或在组织中的重要性而增加；一种似乎是微不足道的错误或低效率会因为频繁出现而变得严重；某些资产（如现金）的性质使其较其他资产更容易受舞弊、滥用和破坏的损害。

对一个组织而言，需要清楚地判断潜在损失的风险，并予以量化，以便设计和实施成本效益控制程序。以控制为目的的风险评价，直接集中于风险的性质和可靠性，以及采用相应控制的可行性和成本。风险评价可以采用结构风险分析模式评价组织的整体风险或某项业务的单独风险。

遵循成本效益原则的另一个重要方面，就是将内部控制不留痕迹地融入组织管理的每个方面。我们应尽力避免将内部控制视为一种独立的、辅助的部分。其理由是将控制融入组织的整个管理体系之中，能明显地降低控制成本，并产生良好的控制效益。

三、内部控制的基本原则

为了保障内部控制的效果，顺利实现内部控制的目标，内部控制的建立和执行必须符合经过理论论证和实践检验的一系列基本原则。在此，我们对内部控制的一些常见原则进行简短的介绍和评述。

（一）全面性原则

全面性是指内部控制应当渗透各项业务过程和各个操作环节，覆盖所有的部门、岗位和人员，包括董事会和核心管理层，不留任何空白点。当然全面性并不是说对所有的部门和人员不加区别，没有侧重。对于关键和敏感的部门和人员应该有更加严格的内部控制措施，对于企业的一般部门和人员也应该有相应的控制措施。

（二）审慎性原则

内部控制应当以防范风险、审慎经营为出发点。"防患于未然"是内部控制的重中之重。为了使各种风险控制在许可的范围之内，建立内部控制必须充分考虑业务过程中各个环节可能存在的风险，容易发生的问题，设立适当的操作程序和控制步骤来避免和减少风险，并且设定在风险发生时要采取哪些措施来进行补救。

（三）有效性原则

要使内部控制充分发挥作用，在各部门和各岗位得到贯彻实施，建立的内部控制必须具有有效性、权威性，即各种内部控制制度包括最高决策层所制定的业务规章和发布的指令，必须符合国家和监管部门的规章，必须真正落到实处，成为所有员工严格遵守的行动指南；执行内控制度不能存在任何例外，任何人（包括董事长、总经理）不得拥有超越制度或违反规章的权力。中航油（新加坡）公司2004年在原油衍生品投机中出现巨额亏损而不得不申请破产保护，主要原因之一就是公司一把手陈久霖的违规行为没有得到应有的控制。中航油（新加坡）爆仓之后，很多人怀疑公司内部根本就没有风险控制体系。其实，体系在形式上一直都存在，其《风险管理手册》由安永会计师事务所制定，与其他国际石油公司操作规定基本一致。公司内部也有风险管理委员会，共7人组成，包括4名专职人员、1名运作部主任、1名财务部主任和1名财务经理，均为新加坡公司员工。根据安永的设计，风险控制的基本结构是从交易员—风险管理委员会—内审部交叉检查—CEO（总裁）—董事会，层层上报。每名交易员亏损20万美元时，交易员要向风险管理委员会汇报；亏损达37.5万美元时，向CEO汇报；亏损50万美元时，必须斩仓。但一手遮天的陈久霖显然没把内控规定当回事。中航油（新加坡）应对衍生品交易风险的内部控制因此是无效的。

（四）及时性原则

及时性原则指内部控制的建立和改善要跟上业务和形势发展的需要。开设新的业务机构或开办新的业务种类，必须树立"内控先行"的思想，首先建章立制，采取有效的控制措施。

（五）独立性原则

内部控制的检查、评价部门（如内部审计和外部审计）应当独立于内部控制的建立和执行部门，独立于企业的其他职能机构，免受企业内外各种因素的干扰，并有直接向董事会和高级管理层报告的渠道。直接的操作人员和直接的控制人员必须适当分开，并向不同的管理人员报告工作。在存在管理人员职责交叉的情况下，要为负责控制的人员提供可以直接向最高管理层报告的渠道。独立性是有效性和权威性的保证。

（六）重要性原则

内部控制应当在全面控制的基础上，关注重要业务事项和高风险领域，并采取更为严格的控制措施，确保不存在重大缺陷。重要性原则的应用需要一定的职业判断，企业应当根据所处行业的环境和经营特点，从业务事项的性质和涉及金额两方面来考虑是否及如何实行重点控制。

(七）制衡性原则

内部控制应当在治理结构、机构设置及权责分配、业务流程等方面相互制约、相互监督，同时兼顾运营效率。制衡性原则要求企业在完成某项敏感或有利益冲突的工作时，必须经过互不隶属的两个或两个以上的岗位和环节，以便形成有效的制衡和监督。同时，还要求履行内部控制监督职责的机构或人员具有良好的独立性。英国巴林银行是一家具有两百多年历史的老牌投资银行，因为里森这位年轻交易员的不当交易于 1995 年轰然倒下。从制度上看，巴林倒闭最根本的问题在于交易与清算角色的混淆。里森在 1992 年去新加坡后，任职巴林新加坡期货交易部兼清算部经理。作为一名交易员，里森的应有工作是代巴林客户买卖衍生性商品，并从事替巴林套利这项工作。为防止交易员过多的风险暴露，一家银行给每个交易员的交易头寸通常定得相当有限。通过清算部门每天的结算工作，银行对其交易员和风险的情况也可予以有效了解并掌握。但不幸的是，里森却一人身兼交易与清算二职。这严重违背了内部控制中的制衡原则。

(八）适应性原则

内部控制应当与企业经营规模、业务范围、竞争状况和风险水平等相适应，并随着情况的变化加以调整。适应性原则要求企业建立与实施内部控制具有前瞻性，适时地对内部控制系统进行评估，发现可能存在的问题，并及时采取措施予以补救。

(九）操作性原则

企业的规章、程序、计划和内部控制要求必须具有可操作性，否则就无法满足有效性和权威性原则。中国国家层面的法制建设强调"有法可依，有法必依"。企业的规章与政策也应做到"有章可循，有章必循"。国内许多企业，规章制度定得不少，但大多是摆设，真正被严格执行的不多。一是由于管理层不够重视，二是因为许多规定不够科学，不具备可操作性。例如，如果企业规定员工不许请假，一旦有员工出现伤病或其他紧急情况，这样的规定就无法操作。

(十）成本效益原则

内部控制应当权衡实施成本与预期效益，以适当的成本实现有效控制。成本效益原则要求企业内部控制建设必须统筹考虑投入成本和产出效益之比。对成本效益原则的判断需要从企业整体利益出发，尽管某些控制会影响工作效率，但可能会避免整个企业面临更大的损失，此时仍应实施相应控制。按照边际原理，控制的预期边际收益和边际成本应当相等，才能实现最佳的控制效果。企业不应过于强调控制，而忽略控制带来的成本，也不应为了降低成本而牺牲控制。

第三节　内部控制的架构和类型

一、内部控制要素

COSO 在 1992 年颁布的《内部控制整体框架》中，提出了五要素的观点，即内部环境、风险评估、控制活动、信息与沟通、内部监督。以下我们对这五个要素逐一加以介绍。

（一）内部环境

内部环境就是企业的文化氛围、企业的组织制度、管理制度等构成的综合体。内部环境是推动企业发展的引擎，也是其他内部控制要素的基础。内部环境的组成要素包括管理哲学和经营风格、公司治理结构、机构设置与权责分配、企业的授权制度及人事政策等。

1. 公司治理结构

公司治理结构指的是内部治理结构，又称法人治理结构，是根据权力机构、决策机构、执行机构和监督机构相互独立、权责明确、相互制衡的原则实现对公司的治理。治理结构是由股东大会、董事会、监事会和管理层组成的，决定公司内部决策过程和利益相关者参与公司治理的办法，主要作用在于协调公司内部不同产权主体之间的经济利益矛盾，减少代理成本。

2. 机构设置与权责分配

公司制企业中股东大会（权力机构）、董事会（决策机构）、监事会（监督机构）、管理层（日常管理机构）这四个法定刚性机构为内部控制机构的建立、职责分工与制约提供了基本的组织框架，但并不能满足内部控制对企业组织结构的要求，内部控制机制的运作还必须在这一组织框架下设立满足企业生产经营所需要的职能机构。

3. 内部审计机制

内部审计机制是内部控制的一种特殊形式，是组织内部的一种独立客观的监督和评价活动，它通过审查和评价经营活动及内部控制的适当性、合法性和有效性来促进组织目标的实现。内部审计的范围主要包括财务审计、会计核算和内部控制检查。内部审计机制的设立包括内部审计机构设置、人员配备、工作开展及其独立性的保证等。

4. 人力资源政策

人力资源政策是影响企业内部环境的关键因素，它包括雇用、培训、评价、考核、晋升、奖惩等业务，向员工传达有关诚信、道德行为和胜任能力的期望水平方面的信息，这些业务都与公司员工密切相关，而员工正是公司中执行内部控制的主体。

一个良好的人力资源政策能够有效地促进内部控制在企业中的顺利实施，并保证其实施的质量。

5. 企业文化

企业文化体现为人本管理理论的最高层次。企业文化重视人的因素，强调精神文化的力量，希望用一种无形的文化力量形成一种行为准则、价值观念和道德规范，凝聚企业员工的归属感、积极性和创造性，引导企业员工为企业和社会的发展而努力，并通过各种渠道对社会文化的大环境产生作用。

（二）风险评估

风险评估是企业及时识别、科学分析经营活动中与实现控制目标相关的风险，合理确定风险应对策略，实施内部控制的重要环节。风险评估主要包括目标设定、风险识别、风险分析和风险应对。

1. 目标设定

风险是指一个潜在事项的发生对目标实现产生的影响。风险与可能被影响的控制目标相关联。企业必须制定与生产、销售、财务等业务相关的目标，设立可辨认、分析和管理相关风险的机制，以了解企业所面临的来自内部和外部的各种不同风险。

企业开展风险评估，应当准确识别与实现控制目标相关的内部风险与外部风险，确定相应的风险承受度。风险承受度是企业能够承担的风险限度，包括整体风险承受能力和业务层面的可接受风险水平。

2. 风险识别

风险识别实际上是收集有关损失原因、危险因素及其损失暴露等方面信息的过程。风险识别作为风险评估过程的重要环节，主要回答的问题是：存在哪些风险，哪些风险应予以考虑，引起风险的主要因素是什么，这些风险所引起的后果及严重程度如何，风险识别的方法有哪些等。而其中企业在风险评估过程中，更应当关注引起风险的主要因素，应当准确识别与实现控制目标有关的内部风险和外部风险。

3. 风险分析

风险分析是在风险识别的基础上对风险发生的可能性、影响程度等进行描述、分析、判断，并确定风险重要性水平的过程。企业应当在充分识别各种潜在风险因素的基础上，对固有风险，即不采取任何防范措施可能造成的损失程度进行分析，同时，重点分析剩余风险，即采取了相应应对措施之后仍可能造成的损失程度。企业应当采用定性与定量相结合的方法，按照风险发生的可能性及其影响程度等，对识别的风险进行分析和排序，确定应重点关注和优先控制的风险。

4.风险应对

企业应当在分析相关风险的可能性和影响程度的基础上,结合风险承受度,权衡风险与收益,确定风险应对策略。企业应合理分析、准确掌握董事、经理及其他高级管理人员、关键岗位员工的风险偏好,采取适当的控制措施,避免因个人风险偏好给企业经营带来重大损失。

(三)控制活动

控制活动是指企业根据风险应对策略,采用相应的控制措施,将风险控制在可承受范围之内,是实施内部控制的具体方式。常见的控制措施有不相容职务分离控制、授权审批控制、会计系统控制、财产保护控制、预算控制、运营分析控制和绩效考评控制等。企业应当结合风险评估结果,通过手工控制与自动控制、预防性控制与检查性控制相结合的方法,运用相应的控制措施,将风险控制在可承受度之内。有关各种控制活动的详细讨论,我们将在本章下一节展开。

(四)信息与沟通

信息与沟通是企业及时、准确地收集、传递与内部控制相关的信息,确保信息能在企业内部、企业与外部之间进行有效沟通,是实施内部控制的重要条件。企业应当建立信息与沟通制度,明确内部控制相关信息的收集、处理和传递程序,确保信息及时沟通,促进内部控制有效运行。信息与沟通的要件主要包括信息质量、沟通制度、信息系统、反舞弊机制。

1.信息质量

信息是企业各类业务事项属性的标识,是确保企业经营管理活动顺利开展的基础。企业日常生产经营需要收集各种内部信息和外部信息,并对这些信息进行合理筛选、核对、整合,提高信息的有用性。企业可以通过财务会计资料、经营管理资料、调研报告、专项信息、内部刊物、办公网络等渠道获取内部信息;还可以通过行业协会组织、社会中介机构、业务往来企业、市场调查、来信来访、网络媒体以及有关监管部门等渠道,获取外部信息。

2.沟通制度

信息的价值必须通过传递和使用才能体现。企业应当建立信息沟通制度,将内部控制相关信息在企业内部各管理级次、责任企业、业务环节之间,以及企业与外部投资者、债权人、客户、供应商、中介机构和监管部门等有关方面之间进行沟通和反馈。信息沟通过程中发现的问题应当及时报告并加以解决。重要信息必须及时传递给董事会、监事会和经理层。

3.信息系统

为提高控制效率,企业可以运用信息技术加强内部控制,建立与经营管理相适应的信息系统，促进内部控制流程与信息系统的有机结合，实现对业务和事项的自动控制，减少或消除人为操纵因素。企业利用信息技术对信息进行集成和共享的同时，还应加强对信息系统开发与维护、访问与变更、数据输入与输出、文件储存与保管、网络安全等方面的控制，保证信息系统安全稳定运行。

4. 反舞弊机制

舞弊是指企业董事、监事、经理、其他高级管理人员、员工或第三方使用欺骗手段获取不当或非法利益的故意行为，它是需要企业重点加以控制的领域之一。企业应当建立反舞弊机制，坚持惩防并举、重在预防的原则，明确反舞弊工作的重点领域、关键环节和有关机构在反舞弊工作中的职责权限，规范舞弊案件的举报、调查、处理、报告和补救程序。

反舞弊工作的重点包括：

（1）未经授权或者采取其他不法方式侵占、挪用企业资产，牟取不当利益；

（2）在财务会计报告和信息披露等方面存在虚假记载、误导性陈述或者重大遗漏等；

（3）董事、监事、经理及其他高级管理人员滥用职权；

（4）相关机构或人员串通舞弊。

为确保反舞弊工作落到实处，企业应当建立举报投诉制度和举报人保护制度，设置举报专线，明确举报投诉处理程序、办理时限和办理要求，确保举报、投诉成为企业有效掌握信息的重要途径。举报投诉制度和举报人保护制度应当及时传达至全体员工。

信息与沟通的方式是灵活多样的，但无论哪种方式，都应当保证信息的真实性、及时性和有用性。

（五）内部监督

内部监督是企业对内部控制建立与实施情况进行监督检查，评价内部控制的有效性，对于发现的内部控制缺陷及时加以改进，是实施内部控制的重要保证。从定义出发，内部监督主要有两个方面的意义：第一，发现内部控制缺陷，改善内部控制体系，促进企业内部控制的健全性、合理性。第二，提高企业内部控制施行的有效性。除此之外，内部监督也是外部监管的有力支撑。第三，内部监督机制可以减少代理成本，保障股东的利益。

（1）企业应当制定内部控制监督制度，明确内部审计机构（或经授权的其他监督机构）和其他内部机构在内部监督中的职责权限，规范内部监督的程序、方法和要求。

（2）内部监督包括日常监督和专项监督。日常监督是指企业对建立与实施内部控制的情况进行常规、持续的监督检查。日常监督的常见方式如下：在日常生产经营活动中获得能够判断内部控制设计与运行情况的信息；在与外部有关方面沟通过程中获得有关内部控制设计与运行情况的验证信息；在与员工沟通过程中获得内部控制是否有效执行的证据；通过账面记录与实物资产的检查比较对资产的安全性进行持续监督；通过内部审计活动对内部控制的有效性进行持续监督。

专项监督是指在企业发展战略、组织结构、经营活动、业务流程、关键岗位员工等发生较大调整或变化的情况下，对内部控制的某一处或某些方面进行有针对性的监督检查。专项监督的范围和频率根据风险评估结果以及日常监督的有效性等予以确定。

专项监督应当与日常监督有机结合，日常监督是专项监督的基础，专项监督是日常监督的补充，如果发现某专项监督需要经常性地进行，企业有必要将其纳入日常监督之中。

（3）日常监督和专项监督情况应当形成书面报告，并在报告中揭示存在的内部控制缺陷。内部监督形成的报告应当有畅通的报告渠道，确保发现的重要问题能及时送达治理层和经理层；同时，应当建立内部控制缺陷纠正、改进机制，充分发挥内部监督效力。

（4）企业应当在日常监督和专项监督的基础上，定期对内部控制的有效性进行自我评价，出具自我评价报告。内部控制自我评价的方式、范围、程序和频率，除法律法规有特别规定的，一般由企业根据经营业务调整、经营环境变化、业务发展状况、实际风险水平等自行确定。

二、内部控制的类型

依据内部控制的功能和性质，我们可以将内部控制分为预防性控制、检查性控制、纠正性控制、指导性控制和补偿性控制等类型。

（一）预防性控制

预防性控制是指为了防止错误和舞弊的发生而采取的控制措施，即"事前"控制。例如，对客户的信用进行审核以减少坏账的发生、对机器设备的报废和清理要进行审批以保护资产的安全、将存在利益冲突的职务进行分离以防止舞弊等，都是预防性控制。

预防性控制是操作性的，是由不同的人员或职能部门在履行各自职责的过程中实施的。预防性控制措施包括职责分离、监督性检查、双重检查、合理性校验、完整性校验以及正确性校验等。这种控制既是对企业部门和个人行为的一种制约，以防止弊端和错误的发生，也是出于对企业部门和员工的一种保护，减少其犯错误的机会。

（二）检查性控制

检查性控制是把已经发生和存在的错误检查出来的控制，属于"事中"或"事后"

控制的范畴。例如，核对银行账单就是关于现金收支的一项关键的检查性控制手段。考虑这样一种情形：某组织规定，超过一万元的支付必须经由两名指定的审核人员同意签字，方能进行。有一次，其中一名审核人员因故外出，另一名审核人员认为时间紧迫，便单独签发了一张金额过万的付款支票。这样就只能通过事后核对的检查性控制手段来找出这笔违规的付款，并进一步查明是否存在问题。如果没有检查性控制加以监督，在场的那名审核人员很可能会滥用职权或草率行事，批准可能存在问题的支付行为。可见，如果缺乏检查性控制，当预防性的实施存在困难时，有关人员就会为所欲为，使控制制度遭受严重损坏。更为严重的是，组织难以及时发现存在的问题及其影响范围，从而不能及时采取措施加以解决，结果只能任由问题发展下去，导致出现巨额损失。从这个意义上讲，检查性控制是对预防性控制的重要补充。

（三）纠正性控制

纠正性控制是指对那些由检查性控制查出来的问题进行纠正的控制。预防是事前的，检查通常是事中（或事后）的，在内部控制当中把问题找出来进行纠正则是事后的。对于一个完善的内部控制系统来说，这三点缺一不可。例如，在前述的由一名审核人员违背预防性控制的规定违规支付大额款项的案例中，如果企业通过检查性控制及时发现审核人员批准了存在问题的支付行为，而银行尚未兑现支票，则企业可以立即通知银行撤销该支票。

（四）指导性控制

指导性控制是指为了引导或促使期望发生的有利结果的实现而采取的控制。而前述预防性控制、检查性控制和纠正性控制则是为了预防、检查和纠正不利的结果。例如，宾馆、饭店要求员工微笑服务，目的在于赢得顾客的好感，有利于树立公司的良好形象，提高公司的声誉。

（五）补偿性控制

补偿性控制是指针对某些控制环节的不足和缺陷而采取的控制措施或补救措施。例如，许多小公司由于人手有限，从成本节约的角度出发，往往缺乏充分的职责分离，此时，由股东直接对经营进行监督，不失为一种良好的补偿性控制方法。

第四节　内部控制的内容

一、预算控制

预算控制要求企业加强预算编制、执行、分析、考核等环节的管理，明确预算项目、建立预算标准，规范预算的编制、审定、下达和执行程序，及时分析和控制预算差异，采取改进措施，完善预算的执行。

预算控制是企业内部控制的重要方法，预算控制必须有足够的科学性和权威性。科学性体现在预算安排应当符合公司的战略和经营需要，权威性则体现在不能随意突破甚至破坏预算。

对于公司的各项开支，预算内资金一般实行责任人限额审批，限额以上资金则应实行集体审批，以严格审查、控制无预算的资金支出。当然预算并不是一成不变的，企业必须始终掌握原则性和灵活性相结合的原则。

（一）预算和预测

预算与预测不完全是一回事。许多人往往会混淆预算与预测，认为预算就是预测企业未来一年中将会发生的销售、成本、费用。预测是预算的信息基础，但预算与预测是有区别的，这一点从预算的目的可以看出。

预算的目的主要有五个方面：

（1）帮助实施企业的战略规划；

（2）统一企业各部门、各关键人员对公司未来发展方向与发展目标的认识，协调企业各组成部门的运作；

（3）将责任分配到各部门和岗位；

（4）作为绩效评价和管理层激励的依据；

（5）作为计划、监督、预警和控制的工具。

预算的这些目标都不是单纯的预测所具有的，预测只是对未来可能发生的事的估计与判断。

（二）预算控制要求

预算控制的一个重要要求是全面预算。它是由一系列预算构成的体系，各项预算之间相互联系，关系比较复杂，很难用一个简单的办法准确描述。比如生产部门的预算与销售部门的预算一定是有关联的，它们必须和财务预算一起协调。

全面预算包括四个方面：

（1）营运预算，包括销售收入、管理费用、生产费用、营销费用的预算等；

（2）资本预算，包括已获批准的大型资本项目预算以及固定资产购置和处置、小型投资项目的计划与安排等；

（3）资产负债预算，即营运预算和资本预算在资产负债表中的体现；

（4）现金流量预算，即对现金的流入与流出情况有一个事前的安排和计划，保证公司的资金正常周转。

（三）预算控制目标

预算一经确定，就进入了实施阶段，管理工作的重心转入控制，即设法使经济活动按计划和预算进行。预算控制和预算是两个不同的概念。预算是企业的战略实施工具和管理工具。预算控制则是通过一系列的程序和控制措施使预算能够发挥其效果。

预算控制的目标主要可以归纳为三个方面：

（1）预算符合公司的总体战略规划及经营目标；

（2）预算基于公司的实际情况，切实可行；

（3）确保预算得以有效执行。

预算控制当中，经常会出现这样一些问题，影响预算的执行效果：

1. 预算流于形式，没有与企业战略目标和工作计划紧密结合

也就是说，预算具有相当的主观随意性，脱离了企业发展需要。预算必须配合企业的战略目标和企业的经营目标的实施。如果做不到这一点，预算就失去了意义，失去了可执行性。发生这个问题的关键原因是预算的编制部门跟企业的战略规划部门工作脱节。所以，预算的制定不能完全由财务人员去做，必须有企业高层与其他关键部门的积极参与，才能编制一个相对科学的预算。

2. 缺乏与时俱进的动态管理，企业预算不能有效应对企业实际情况的变化

预算控制是一个动态的管理过程，随着企业面临的经济环境、市场环境、销售环境、竞争环境的不断变化而变化。因为不断变化的环境会对预算不断提出新的要求。比如市场竞争激烈，从一个卖方市场走向买方市场，营销费用就会提升，这种情况必须根据企业的实际情况，对企业的预算及时更新。

3. 缺乏预算和实际的比较分析，以及对此种差异的跟进与监控

如果实际执行情况和预算安排之间有较大差异，在预算控制中必须加以关注和分析：到底是什么原因引发原来的预算不能被有效执行？预算必须是一个上下互动的过程，公司高层必须让下级各单位明白企业的战略目标，下级单位的预算应该以公司的战略目标为核心，而公司最后的预算应该以各部门根据历史数据和公司战略制定的部门预算为基础。如果给下级单位批的预算总是不够用，后者又必须不断找上级去审批，这样的预算在很大程度上就失去了意义。

这里特别值得一提的是，在我国，有许多企业，特别是企业下属部门对预算管理的严肃性、重要性认识不足，认为反正预算在执行过程中还需要随经济、市场情况的变化而变化，编制时过于较真又有何用？这种想法是非常错误的。打个简单的比方，我们知道，时间使用效率高的人大多重视时间管理（也可称为时间预算），对未来一个月、半年，甚至一年的日程，特别是重要活动都有详细的事先规划，绝不会因为日程在将来可能发生变化而对日程安排漫不经心。同样，对于一个企业而言，周到的预算安排可以提高管理效率，减少管理错漏，因此也不应因预算可能会发生调整而轻视预算。

二、信息系统控制

现代企业都越来越重视对信息系统管理,通过管理信息系统企业可以在第一时间获取经营、市场、价格、销售、库存、财务、人员、公共关系方面的信息。这样,一方面可以在很大程度上提高工作效率、降低成本;另一方面可以提高决策的科学性,因为信息的完整性、可靠性、准确性、及时性、集成性是管理层决策的基础。

随之而来的是信息系统的安全性问题,现代信息安全直接影响企业的经营、研发、竞争,甚至生存。对企业而言,财务信息、研发资料、客户资料都是竞争对手最想要的东西。企业必须在这些核心信息资源方面有着严格的控制措施,并根据信息的机密程度不同制定不同的保密措施和控制系统,确保企业信息资源的安全性。信息安全包含两个层面的内容:一个层面是信息系统自身的安全,关注如何防范黑客和病毒,如何保障数据资料不会因为意外事故、操作失误而受到影响;另一个层面则关注企业如何保障这些信息不会经过非正常的渠道流传出去,泄露企业的商业机密。

近年来,由于美国实施了严格控制上市公司信息披露质量的《公众公司会计改革与投资者保护法案》(简称《SOX法案》),信息技术在公司内部控制和信息披露过程中的作用得到了大量企业的重视,IT治理(利用信息技术实施的公司治理手段)受到了国际上众多知名企业的广泛重视和热烈追捧。

企业信息系统控制的目标主要有以下十个方面:

(1)保持数据资料和各种经营、管理、财务信息的完整性、准确性及保密性;
(2)维护企业资产安全和信息安全;
(3)通过有效的资源管理手段(ERP)提高资源使用效率,如提高资产周转速度等;
(4)提高审批、决策的效率和精确度;
(5)为企业各个部门的协调、配合提供信息支持;
(6)提高上市公司信息披露质量;
(7)符合相关的法律、法规和政策;
(8)为企业决策提供及时、准确、充分的信息支持,为企业目标服务;
(9)更好地对企业经营状况和财务状况进行实时监控;
(10)提高公司治理的水平。

三、职务分离控制

职务分离控制,又称不相容职务分离控制,和内部控制的原意密切相关。前面已经提到过,内部控制在萌芽期的时候叫作内部牵制,其中一个重要方面就是将不相容的职务相互分离。一个人不能兼任两个有利益冲突的角色,就好像掌管金库钥匙的不能知道金库密码一样。这是一种预防性控制，由不同人员或职能部门在履行各自职责的过程中实施，目的就是防范因为权力过于集中而导致的利益冲突甚至腐败，保障企业的资产安全和规范经营。高级管理层应该解释清楚什么是有效的职责分离并让员工理解其各自的控制责任。

投资银行一般都会设立防火墙，把不同部门及其之间的职责分离开，比如研发部门和投资部门之间就应该有防火墙。一般企业比较典型的职务分离控制是出纳和会计应该职责分离，采购人员和最后的签约人员应该职责分离，入货人员和验货人员要职责分离等。

四、授权控制

授权控制是一种预防性控制。严格地讲，组织开展的任何活动都应有相应的授权。授权以后，为了避免人员滥用权力，还要经常对各组织活动的程序进行审查。

授权按性质的不同可以分为综合授权和特别授权。综合授权也被称作一般授权，是对办理常规业务所确定的权利及职责。企业中不属于常规业务的重大业务决策和特殊事件处理，则需特别授权。如规定限额的采购项目，采购员可自行决定采购，即为一般授权；对于超过限额的采购项目，需由主管人员另行审批才可采购，即为特别授权。例如，某汽车零部件企业采购业务的授权审批制度规定：采购预算内采购金额在0.5万元以内的，采购经理审批；采购金额在0.5~5.0万元的，由财务总监审批；采购金额在5万元以上的，由财务总监审核、总经理审批。授权要有相应记录，并提供证明文件。在授权批准控制中要避免两个极端：一个是层层审批，使得企业工作缺乏效率；另一个就是要避免"一支笔"，防止权力过分集中。总之在授权控制的过程中，关键是要做到科学性和方便性相结合。

五、资产保全控制

资产保全，也称资产保护。这里所说的资产既包括企业的实物资产，如机器设备、办公用品、存货，也包括企业的金融资产，如现金、银行存款等，还应包括企业的某些无形资产，如企业的技术机密、产品设计方案、配方等，再有就是企业的信息资产，如企业的经营财务信息，各种空白单据和发票等文件资料。保护资产安全的最好办法是限制对资产的接触，保证只有获取相应权限的人员才有接触资产的资格。保护资产安全的其他措施包括资产盘点、财产记录、账实核对、财产保险等。

六、信息披露控制

从保护投资者利益的角度出发，各证券市场都强制性地要求公众（上市）公司及时、准确、完整地披露各种重要信息。近年来，由于公众公司的信息披露造假丑闻时有发生，证券监管部门对公众公司的信息披露的要求也变得越来越严苛。保证公司的信息披露符合监管的要求和法律规定，已经成为公众公司内部控制的重要内容。

七、会计系统控制

会计系统控制是指通过会计的核算和监督系统所进行的控制，主要包括会计凭证控制、复式记账控制、会计账簿控制、会计报表控制及其财务成果控制。企业应当按照会计法和国家统一的会计控制规范，对会计主体发生的各项经济业务进行记录、归集、分类和编报，完善会计业务的处理流程，充分发挥会计系统的控制职能。会计系统控制主要内容如下：（1）建立健全内部会计管理规范和监督制度，明确权责，相互制约；（2）统一企业内部会计政策；（3）统一企业内部会计科目；（4）规范会计凭证、账簿和财务报告的处理程序和方法。

八、法规制度执行控制

合法、合规经营是企业防范法律风险和管理风险，实现可持续发展的重要保障。企业的一切经营活动都必须遵守国家的法律、法规、政策、制度和企业内部的规章制度，这些法规制度是检查单位业务经营活动合法性和合规性的标准。因此，单位应当制定能够确保有关法律法规得到有效遵守的内部政策和具体程序，通过教育、示范、监督和技术控制，防止一切违法违规的业务活动发生。

九、营运分析控制

管理层可综合运用生产、销售、投融资、财务等方面信息，通过不同种类的方法，如对比分析、趋势分析等方法，对营运情况（如企业目标所实现的成果）进行分析，发现存在的问题，及时查明及跟进。

十、绩效考评控制

绩效考评控制是指企业通过考核评价的形式规范企业各级管理者及员工的经济目标和经济行为。它强调的是控制目标而不是控制过程，只要各级管理目标实现，则企业战略目标就得以实现。绩效考评系统主要包括考评指标和考评程序的制定、考评方法的选择、考评结果的分析、纠正偏差与奖励惩罚措施等关键环节。

绩效考评控制系统从考评对象来分，应分为经营者绩效考评控制和员工绩效考评控制两大系统。经营者绩效考评包括企业绩效考评和经营者个人绩效考评。在这个评价系统中，考评的主体是董事会，评价客体是经营者，一般是指董事长和总经理或CEO。

经营者特殊的工作性质决定了企业本身的业绩是其工作业绩的重要反映，故经营者评价系统有两个评价内容，即企业业绩和经营者个人业绩。员工绩效考评控制是由各级管理者按照一定的标准和方法对其下属及员工的工作完成情况进行考评。无论考评对象是谁，这些都将影响绩效考评控制系统运作的质量。绩效考评控制对企业内部环境具有支持作用。

第五节 内部控制的特点和固有局限性

一、内部控制的特点

内部控制既然是一个组织内部的牵制和平衡，那么设计问题自然就变得非常重要。比如职责分离的设计、控制制度的设计、组织架构的设计等，都是企业内部控制制度设计的关键所在。良好的内部控制系统离不开良好的组织设计和制度安排。

此外，内部控制也是企业文化问题。任何一个企业内部控制是不是完善，是不是得到有力的执行，很大程度上取决于企业的文化氛围，取决于企业的控制环境，取决于高层的态度和认识。这就要求高层首先应该对内部控制有足够的认识、认同和支持，另外高层也应该按照自身内部控制的要求去行使自己的职权。

二、内部控制的固有局限性

内部控制有一些固有的局限性，这就像是测量工作中的系统误差，只能尽量减少和避免，但难以完全消除。另外，内部控制是有成本的，在很多时候还会影响企业运作和决策的效率。若想内部控制做到万无一失，内控成本可能会变得无比高昂。

因此，从成本效益角度看，企业也不得不在内控成本和内控效果之间选择适当的平衡。因此，那种认为有了内部控制就可以使公司经营高枕无忧的想法是不切实际的。

（一）影响内部控制的系统因素

人为因素使内部控制失效。员工对控制责任的误解，执行时的麻痹大意、玩忽职守、心存侥幸等均可使内部控制效力下降。这就要求高层加强和员工的沟通，采取必要的奖惩措施，使员工认识到内部控制的重要性，尊重内部控制的规定。高层管理者同时应该给员工做出尊重内部控制措施的榜样。

时间推移使控制措施逐渐失效。公司的内部经营环境、外部法律和市场环境会随时间发生变化，使得原有内部控制措施不能永远有效，不能永远适应公司的经营和战略需要，所以内部控制也应与时俱进，不断更新。

外部力量的干扰也会影响到内控措施的效力。举例来说，行政力量的干预和不可抗力均可影响一个企业内控措施的执行。

成本效益原则的限制。成本效益原则通常表现为理性的经济人总是以较小的成本去获得更大的效益，一般也被认为是经济活动中的普遍性原则和约束条件，因此也同样适用于企业的内部控制。成本效益原则要求在实行内部控制方面花费的成本和由此产生的经济效益之间要保持适当的比例。当企业采用一项内部控制措施时，必须保证实施此控制所引起的成本增加小于其所带来的效益的增加。也就是说，实行内部控制所花费的代价不能超过由此而获得的效益，否则应舍弃该项控制措施。

内部控制一般都是针对经常而重复发生的业务而设置的，如果出现不经常发生或未预计到的业务，原有控制就可能不适用。

（二）影响内部控制的其他因素

除了内部控制工作的系统缺陷以外，还有一些因素或者行为也会造成内部控制措施的失效。

管理层违规。任何人都不能凌驾于法律之上，企业中任何人都不可能不受内部控制措施的约束。当然内部控制的具体措施针对不同的人要求应该不一样，比如对一般工人要求九点钟上班、五点下班，上班期间严禁外出；对董事长、总经理等高层人士不可能完全是这种要求。但在一些关键问题上，比如总经理想支取现金就支取现金，想干什么就干什么是不可能的。制度面前人人平等，防止任意违反或利用职权践踏内部控制的制度出现，并对废除内部控制措施的行为进行严格监控。对管理层而言这一点尤为重要，因为上梁不正下梁歪，高层决定基层。

失控的资产和信息接触。组织应通过对直接接触资产本身的控制、对资产取得合法性的控制以及对接触信息的控制来确保内部控制的有效性，防止资产流失和信息外泄。

形式主义。内部控制贵在执行。很多时候，控制制度表面上看起来非常完善，但是没有被有效执行或实际执行的效果并不理想。内部控制制度一定要切实可行，形式主义反而会适得其反，不能切实予以执行的内部控制制度的作用是微乎其微的。

利益冲突。员工与组织的利益冲突是对内部控制的一大威胁，如果员工利益与组织利益是不一致的，员工很可能会做出损害组织利益的事。仅仅提出企业利益至上的口号并不能解决实际问题，关键是要在一种大家都可以接受的制度下，寻求一种企业利益和员工利益的平衡。

控制可能由于两个或更多的人员串通或管理层不当地凌驾于内部控制之上而被规避。例如，管理层可能与客户签订"背后协议"，修改标准的销售合同条款和条件，从而导致不适当的收入确认。再如,软件中的编辑控制旨在识别和报告超过赊销信用额度的交易,但这一控制可能被凌驾或不能得到执行。

第六节 改善内部控制的关键:强化公司治理

良好的公司治理或称法人治理结构是改善内部控制的关键,也是公司进行风险管理的关键。公司治理主要包括董事会的监督和决策功能、管理层重要决策的董事会审批制度和内部审计三方面的内容。

一、董事会的独立监督

公司治理的关键在于董事会能够切实代表股东的利益并有效监督公司的运营和公司管理层的行为,但是这一点并不容易做到。现在我国证监会规定,上市公司必须要有1/3的独立董事,而且审计委员会的召集人必须是独立董事。但是在现实中独立董事并不一定就能保证董事会的独立监督职责。

证监会的规定一般只能从法律意义上要求独立董事的独立性,比如独立董事不能在公司持有较多股份,其本人、家属和亲戚不能在公司中担任主要职务,独立董事不能在公司中有太多的利益等,但是这些都不能保证独立董事能真正独立行使其职责。企业聘请独立董事,往往请来的是管理层或大股东的朋友。这样独立董事在大部分的决策上,尤其是在那些个人风险不太明显的决策上,很可能倾向于照顾管理层的面子和情谊,而不是维护中小股东的利益,使得独立董事的作用失效。

二、管理层在内部控制中的作用

内部控制的主体和核心是管理层,管理层承担的职责是计划、组织、领导、保障其组织的活动,并对组织的内部控制负责。但是管理层在制定战略、政策及工作流程的时候,需要获得董事会的批准和授权,以形成对管理层的制约;内部审计对管理层组织的内部控制进行监督,以协助董事会发挥其监督作用,帮助管理层有效地履行其职责。

在内部控制的过程中管理层必须承担责任,对重大问题负责。管理层的职责是保障公司运作的正常与安全,如果出了安全问题或者重大的责任事故,管理层一定要承担责任,即使不是直接责任,也是领导责任。这其实也是为了防止管理层推卸责任,股东利益遭受损失。高层决定基调,高层既然拥有相应权力,就必须承担相应责任。高层承担问题的责任是现代公司治理、现代企业内部控制的一个基本原则。

三、内部审计

（一）什么是内部审计

内部审计是由组织内设的审计机构从内部对其经营管理和财务收支等的合法性、效益性和真实性进行的审计监督。内部审计具有不同于外部审计的特征，其目的在于促进本单位经营安全性和经济效益的提高，因而内部审计既是本单位的审计监督者，也是根据单位的管理要求提供专门咨询的服务者。内部审计非常重要，人们称其为董事会的眼睛和耳朵，它是高层决策的依据，也是内部控制的重要环节。

内部审计是企业内部设立的独立评价体系，它服务于企业，检查、监督和评价企业的内部控制制度以及执行情况。内部审计是为内部控制服务的，它对管理层组织的内部控制进行监督，以协调管理层有效地履行他们的职责，准确、真实、及时地了解企业的财务经营信息。

（二）内部审计的作用

（1）监督内部控制的执行和效果，避免和减少风险，以达到控制目标。现代内部审计已经从一般的查错纠弊，发展到对内部控制和经营管理情况的审计，涉及生产、经营和管理的各个环节。内部审计的一项重要作用就是帮助企业确定组织内部的各项制度与计划是否得到落实，是否已达到预期的目标和要求，内部控制是否有效。

（2）揭示经营管理中的薄弱环节、弊端和风险，促进企业健全自我约束机制。内部审计的职责是独立地对企业内部控制和经营管理情况进行监督和检查，客观地反映实际情况，揭示企业管理中存在的问题和风险，并通过这种自我约束性的检查，促使企业改善内部控制。

（3）为改善公司治理质量服务，作为重要的检查监控体系，内部审计可以为董事会的监督和决策提供信息保证，对经营管理人员的违规行为和其他损害组织利益的行为进行检查和纠正。

（4）促进组织改进管理和经营，提高经济效益。内部审计通过对企业经营活动全过程的审查，对有关经营、财务指标的对比分析，揭示经营活动中存在的问题，发现操作流程及成本节约过程中低效率的方面及形成的原因，从中揭示未被充分利用的人以及财物的内部潜力，并提出改进措施，防止资源的浪费，促进经济效益的提高。

（5）监督受托责任者的经济责任履行情况。同外部审计一样，所有权与经营权的分离是内部审计产生的前提，确定各个受托责任者的经济责任履行情况也是内部审计的主要任务。内部审计通过查明各受托人是否完成了其应负经济责任的各项指标（诸如利润、产值、质量等），既可以对受托人的工作进行正确评价，从而为对受托人进行奖惩提供决策依据，也有利于维护企业的合法权益，防止舞弊和侵害企业整体利益的行为发生。

（6）监控资产和信息的安全。内部审计对公司资产和信息管理的经常性监督、检查，可以有效、及时地发现问题，指出资产和信息管理中的漏洞，并提出意见和建议，防止资产流失和信息外泄。

（三）内部审计的内容

（1）经营审计：检查和评价内部控制系统以及所分配的职责的完成情况。

（2）绩效审计：关注企业管理层和核心员工的考核方式，通常将重点集中在效率和效果方面，并需要建立绩效标准。

（3）成本效益审计：在内部控制活动中是否贯彻成本效益原则，经营活动是否符合企业效益最大化原则。

（4）遵循性审计：遵循性审计也称合规性审计，检查组织对政策、程序、标准、法律和政府法规的遵守程度，企业内部控制是否合法合规。

（5）质量审计：关注企业产品和服务的质量，看看是否达到预先制定的标准。

（6）财务控制审计：对资金流动和会计功能进行具体控制的审计。

（7）内部牵制及不相容审计：部门与部门、员工与员工以及各岗位之间所建立的互相验证、互相制约的关系是否科学有效。

（8）离职审计：对管理人员、核心工作岗位人员离职时进行的审计，其目的在于敦促这些人员在位时能忠于职守。

（9）财务报表审计：对资金流动和会计功能进行具体控制的审计，上市公司因为财务报表要定期向外公布，因而不能完全由内部审计来做，必须接受外部审计人员的审计。

（四）内部审计部门

内部审计部门在企业中的定位是个重要的问题。一般来讲，绝大多数公司的内部审计部门、审计委员会隶属于董事会，是董事会下属的专门机构。所以从机构设置可以看出来，一般公司的内部审计部门都由董事会直接管理，可以对管理层有一个直接的监督。内部审计部门的独立性对其有效地行使职能有至关重要的作用。

其他各部门应与内部审计部门合作，而内部审计部门也不宜介入和干涉其他部门的运营和管理。内部审计部门的权限是审计和监督，不能参与到具体部门的具体决策中。

（五）审计委员会

审计委员会是隶属于董事会的专门委员会，一般由3~5人担任。审计委员会的绝大部分成员应是独立董事。审计委员会对组织财务报告系统和内部控制系统的有效性提供独立的意见，对董事会负责。但是在我国，独立董事制度要充分发挥作用，还有一条漫长的路要走。就像前面在独立董事部分提到的，即使法律和经济上独立，感情上也难以完全独立。所以，独立董事制度真正发挥作用的关键是需要建立一种独立董事责权到位的文化。

第七章 企业财务风险控制

第一节 企业财务风险控制问题

在日益复杂的市场经济环境中,企业的财务活动具有不确定性,企业财务风险无处不在、无时不在。如果企业对财务风险管理不善,就会引发财务危机。因此,加强企业财务风险控制研究,对促进企业持续健康发展、提高企业的社会竞争力具有重要的现实意义。

一、财务风险控制理论概述

财务风险的分类。①筹资风险:筹资风险是指由于资金供需市场、宏观经济环境的变化,企业筹集资金不真实、筹资成本过高以及筹资达不到预期目标或受益的不确定性,即到期无法偿付资本成本的可能性。②投资风险:投资风险是指投资主体在进行投资的过程中由于各种不可控因素的作用,投资无法实现预期结果的可能性。③资金回收风险:企业产品销售的实现与否,要依靠资金的两个转化过程,一个是从成品资金转化为结算资金的过程,另一个是由结算资金转化为货币资金的过程。资金回收风险是指这两个转化过程的时间和金额的不确定性。④收益分配风险:收益分配风险是指收益分配可能给企业的后续经营和管理带来的不利影响,即收益取得和分配对资本价值产生影响的可能性。

财务风险的特征。①客观性。企业财务风险具有客观性。它具有以下两个方面的意义:第一,企业面临财务风险的问题是不可避免的,所以必须加强对财务风险的控制。第二,由于财务风险是不能完全消除的,企业只能积极树立财务风险意识,不能一味地追求低风险甚至零风险。②不确定性。财务风险的不确定性,是企业财务风险产生的必要条件,风险在一定条件下,有可能发生,有可能不发生。正是由于风险具有不确定性的特征,在企业进行财务风险控制管理时,人们可以得出风险的可控制性。③收益性。企业的财务风险与收益存在正比的关系:财务风险越大,收益越高。企业的生产经营活动是具有连续性的,财务风险的存在和发生,必然会影响企业某一环节的发展，从而影响企业整体的经济效益。有效地控制企业的财务风险，将会节省企业在风险管理方面花费的资金，从另一角度增加企业的收益。

二、财务风险控制的方法

风险规避是指在企业财务风险调查预测的基础上，对存在的风险和发生的可能性采取不承担风险或放弃已经承担的风险，来规避损失发生的可能性。实施风险规避策略可以通过彻底避免、中途放弃或改变条件三种方法进行风险规避。

风险降低是指企业财务风险事故发生前努力降低财务风险发生的可能性，并在损失发生后尽量减少风险损失程度的一种方法。控制财务风险可以从事故发生前和事故发生后两个方面进行预防和降低损失。

风险转嫁是指企业把有风险的财务活动通过保险、转让等方式转嫁给其他单位和个人的方法，通过转移风险而得到保障。

风险留存是指企业以一些筹资措施来应对企业风险。风险留存实质上是企业在某种风险无法回避也不能转移时自行承担风险及损失发生后的财务后果。在许多情况下，风险留存会与风险转嫁结合起来运用。

三、企业财务风险的成因分析

企业内部原因产生的财务风险。①企业内部缺乏完善的财务管理制度及系统。财务管理混乱是产生财务风险的一个重要原因。企业内部各部门资金的使用分配、管理的混乱无序、利益分配存在权责不明的状况，都将直接导致企业资金的流失、利润的下降，给企业带来严重的损失。②企业财务管理人员对财务风险的客观性认识不足。企业的财务管理人员缺乏基本的职业道德，专业知识不够完善，缺乏风险处理经验，在风险出现时消极面对，不能冷静分析财务风险的客观性，不能准确地根据财务风险的成因采取有效的解决措施。盲目的财务行为将导致企业财务活动出现恶性循环，严重影响企业的正常生产经营活动以及企业资产的正常安全的流动，给企业将来的持续发展埋下巨大的财务隐患。③企业资本结构不合理。企业的资本结构是指企业各种资金的构成及其比例关系。企业的财务状况是企业资金占用和资金来源情况的综合反映，对企业资金结构的分析也就是对企业资产结构和负债结构的分析。由于企业的财务管理不善、产品销售情况不佳、投资者和管理人员缺乏对相关方面的科学认识等各方面因素的影响，导致企业的资产结构倾斜，无法达到最佳的资产结构，无形中增大企业财务产生风险的概率。

企业外部原因的财务风险。任何一个企业都脱离不开整个市场经济的大环境而独立生存，在我国复杂的经济环境中，企业为了应对外部多变的财务环境，必须积极减少因企业外部原因影响产生的企业财务风险。其中，市场震荡是一个不可轻视的因素。经济市场的连续震荡，将导致股市等市场遭受严重的危机、市场交易困难。

四、企业财务风险控制对策

筹资风险控制对策。筹资是企业经营活动的内容之一，企业在筹资风险控制过程中，应遵循企业所筹资金量与需求量相符合、资金的筹集与投放相结合以及资产结构与筹资结构相匹配的原则。在制定筹资风险控制对策时，可采用确定合适的筹资规模、安排最佳的筹资结构、选择合理的筹资期限、把握有利的筹资时机和制定有效的筹资方案等方法。

投资风险控制对策。规避在投资活动中的风险，有以下两种方法：①最大期望收益值法。根据项目投资方案实施时面临的各种状态的概率值和收益值计算出项目备选方案的期望收益值。比较不同投资方案的期望收益值，以最高收益值为确定优选方案的依据。②最小期望损失值法。计算出各个投资方案或项目的期望损失值。方案在某种状态下的决策损失值等于某种状态下存在的最大收益值减去某种状态下该方案的收益值。根据各期望损失值的大小比较，以期望损失值最小者为最优方案。

资金回收风险控制对策。资金回收风险控制从两个方面来考虑：一是加强成品资金向结算资金的转变过程的控制。企业要做好科学的市场调查，对产品是否符合市场需求和成本、利润做到充分的调查和研究。二是加强结算资金向货币转换过程的控制。企业资金结算过程中最主要的因素是对应收账款的管理工作，首先应加强事前预防工作，对客户的信用程度进行调查，确保客户是否能进行赊账，再签订合法的法律合同，防止出现少数客户的赖账行为。

收益风险分配风险控制对策。对于收益风险分配问题我们可从以下几个角度进行解决：第一，法律因素。严格遵照国家统一的分配标准进行分配。采取积累优先原则，必须尊重市场竞争规律，企业向投资者分配利润之前，在遵照法律因素之外还要通过董事会的决定，最后才能确定分配利润。第二，公司因素。要充分地考虑经营者和职工的利益，加强激励政策的建立，确保调动员工的积极性的同时也要加强意识的培养，让员工自觉地维护公司的利益。第三，公平元素。要一视同仁地对待企业的每个投资者，保证企业利润分配的公平。

第二节　我国企业财务风险控制研究

我国在加入 WTO 后，继续大力推行改革开放，国内的企业迎来了更多的机遇和挑战。但随着金融危机的爆发和企业内部财务风险问题的产生，我国企业在财务风险控制方面暴露出不少弊端。所以，在市场经济竞争日益激烈、金融风暴余波未散的情况下，财务风险的控制必然成为企业内部控制的重中之重，加强和完善企业财务风险控制的防范措施显得极为重要。由此可知，我国企业必须要重视财务风险，防止财务风险的发生。因此，需要了解企业可能出现的财务风险，制定相应的预警机制，对于已发生的财务风险必须及早诊断，并采取相应的措施，将风险扼杀于萌芽状态，同时，企业还要分析财务风险产生的原因，防止类似的财务风险再度出现。

一、企业财务风险控制中存在的问题

（一）企业内部风险控制意识淡薄

金融危机过后，如何更好地控制财务风险成为了企业关注的热点。我国还属于发展中国家，企业对于财务风险的认识还处在基本层面，大多数企业对于财务风险的意识和控制还十分淡薄，财务风险控制机制尚不完善。在我国企业中，上到企业的管理层，下到企业的员工，对于企业的财务风险都没有较强的意识，这一现状不利于企业的生存和发展。

1. 企业管理者的财务风险控制意识淡薄

企业的管理者就是企业的"中枢神经"，如果企业的管理者对于财务风险没有制定有效的预警机制和控制措施，企业无法系统地对财务风险进行控制，必然会使企业内部的财务风险加剧。

在我国企业中，大多数企业管理者对于风险的解决办法是：风险出现时进行控制，一旦风险稍有缓解就不再监控。这种做法完全没有作用，有时反而会适得其反。管理者在对一个新的项目进行投资前预测时，通常只对投资所得利润进行评估，而不会考虑利润背后的风险。企业不先对收益和风险进行评估，选择盲目投资，造成损失甚至会导致企业破产。

2. 企业内部员工的财务风险意识淡薄

企业内部员工的财务风险意识十分重要。内部员工如果没有良好的品行和职业素质，企业的生存和发展将受到致命的打击。在企业生产经营过程中，企业制定的内部控制制度需要企业的员工执行和遵守，并且，企业内部员工的品行和素质也是决定企业内部控制制度合理性和完成度的关键所在。一旦企业内部的员工因为对自身岗位职责的疏忽，没有严格遵守企业内部控制制度，导致员工所负责的工作出现纰漏，会使企业内部控制工作出现问题，进而导致企业承担巨大的财务风险。

（二）企业内部财务监管机制不健全

在企业内部，财务监管机制是由企业内的多个部门共同实现的，各部门之间相互制约、相互协调，保障企业内部财务监管机制得以顺利运行。但在实际中，大多数企业由于内部没有健全的财务监管机制，企业内部的财务监管力度过小，导致企业的内部监管机制形同虚设。这一问题主要集中在以下两个部门：

业务部门。在我国，企业为占据市场主导地位，将业务部门员工的收入与其业务能力相联系，使得员工重量不重质，忽视了财务风险的存在。这种有缺陷的奖励机制，往往使员工为了提高个人的业绩和收入而盲目地扩大销售，忽视了可能会造成的财务损失，使企业在资金的再利用方面出现问题，进一步造成企业的坏账数量增加，形成严重的财务风险。

财务部门。在我国企业内部，财务部门经常存在财务系统权限设置混乱，财务审批程序缺陷，财务各流程的控制制度不合理，财务人员对工作执行不到位、对制度不落实等问题。并且，财务人员由于对工作岗位缺乏认识，简单地认为其工作只是对凭证和单据进行机械式的统计，很难发现在其所负责的工作中存在的财务问题。财务人员即使发现了问题，由于缺乏对凭证和单据所涉及业务的了解，也无法及时地向企业内部的有关部门汇报。这些问题的存在导致企业内部对于可能存在风险的项目不能及时有效地处理，延误了管理层修正决策的时机，导致企业内部财务风险的增加。

（三）企业内部财务风险评估不足

在我国企业中，企业内部对于财务风险评估不足，主要表现在以下两个方面：

公司层面对于财务风险评估的不足。国企内部的管理者在制定管理目标和规划企业未来时，完全按照自己的主观想法进行，缺乏与企业下属部门及员工的信息交流和沟通，导致各部门之间不能通力合作。对于制定的企业管理目标和未来规划，企业管理者也没有运用有效的手段和方法及时下达给员工，即使下达给了企业员工，也因为企业员工无法充分理解管理者的真实目的和想法，导致无法实现企业的战略目标。同时，企业的管理者在决策时，受到主观思想的严重影响，不能及时发现真正存在的问题，找不到调动员工积极性、提高员工工作效率的合理办法。另外，如果管理者制定的目标不适合企业现阶段的发展需求，也会导致新的目标很难在员工的实际工作中落实。

业务部门对于财务风险的评估不足。在企业管理者对企业未来发展制定目标的前提下，业务部门也同样对本部门的工作制定了目标。但由于目标制定得过于局限，没有长远健康发展的战略高度，同时，在制定过程中，不结合实际，过度地追求业绩，对于短期内取得的成绩沾沾自喜，好大喜功，缺乏谨慎性，在业务开展后，对于已经制定的目标还进行修改，这对于业务的开展十分不利。业务部门制定的业务目标缺少方案，在执行过程中，没有计划性地进行工作，缺乏具体的工作步骤，没有合理的目标完成周期，没有对风险和业务的评估。另外，业务部门内的员工之间缺乏团队合作意识，对项目的考察、评估和监测缺乏科学合理的工作计划。企业的管理层对于项目开展缺乏政策和资金的支持，导致业务的开展举步维艰，投入的资金无法有效收回，致使企业面临严重的财务风险。

二、企业财务风险控制问题产生的原因

生产经营过程中发生的财务风险，除了会受到复杂多变的外部原因影响，还与企业内部对财务风险的认识、评估、制定的控制措施、应对风险的能力等有着密不可分的联系。企业的经营战略在很大程度上会影响企业的生产经营活动、投资资金分配等，若在上述因素中出现了非常大的失误，会使企业面对更大的财务风险。

（一）企业管理层风险意识不足

企业的决策层的水平不高，导致在决策过程中的风险意识不足，缺乏对风险的警惕，盲目地进行决策，导致企业财务管理存在安全隐患，在经营活动中承受巨大的财务风险。企业的决策者应该建立完善的决策机制和财务风险控制机制，增强财务风险意识，有效地避免损失。

目前，我国的企业存在很严重的问题：董事会、监事会和管理层的三权分立原则未得到贯彻，相互之间的权力掺杂，没有形成有效的制约，董事会没有起到引导作用，监事会监管能力弱，缺少行之有效的监督和制约。这就使企业及投资者均受到利益的侵害，需要企业加强法人治理，增强企业的防范意识，形成董事会、监事会和管理阶层"三足鼎立"的局面。防止因人为因素或监管体制的不完善，增加财务风险。

（二）投资项目财务风险过高

在企业中，投资决策非常重要，关系到企业未来的发展。投资决策主要是指对内与对外的投资。在对内投资中，企业主要投资自身资产，而在投资过程中，企业往往缺乏精密的分析和研究，再加上企业决策者的管理水平过低，对投资所需的信息了解得不够全面和精准，从而导致企业的投资决策失误频频，所投资的项目无法达到预期的目标，引起严重的财务风险；在对外投资中，企业的投资者对所投资项目的风险意识不足，盲目地投资，导致企业的财务损失严重、财务风险加速形成。

无论是对内投资还是对外投资，我国企业的投资决策者经常会在投资前凭主观经验进行投资分析，极少建立科学的决策机制，对所投资的项目没有收集足够真实可靠的信息，未能进行科学系统的分析研究就盲目投资，在投资过程中，对出现的许多不确定性因素没有合理的预测和防范，使得投资预期收益的实现和投资成本的回收都出现了问题，导致企业投资的失败。

三、加强企业财务风险控制的有效防范措施

目前，在我国市场经济的大环境下，企业财务风险是必然会出现的。由于企业内部各种机制的不健全，企业难以避免财务风险。只有强化内部财务风险意识，才能避免可能发生的财务风险。企业加强财务风险控制，对于企业改善内部财务状况、优化资本结构、制定科学合理的投资决策、制定完善的控制方法、提供有效的控制措施和有价值的信息、预测市场发展动向以及经济状况，具有十分重要的作用。

（一）强化企业内部财务风险意识

在市场经济环境中，企业是市场的主体，这就决定了企业要有很好的风险意识。企业所处的市场状态决定了银行的信用评级，企业对于资金收回和管理的能力、国际市场上利率的变动、企业的财务状况、偿债能力、筹资环境等因素，都会改变企业的财务风险。如果企业缺乏适应市场的能力，不能清楚地认识财务风险，将会增加企业的财务风险，影响企业未来的生存和发展。

财务风险影响企业内部的各个环节，在审核时，企业如果出现纰漏，将导致财务风险的增大。企业只有不断增强抵抗风险的能力，提高防范财务风险的意识，准确预测和把控市场，才能在市场经济中做大做强，才能更好地预测、防范和控制风险。

（二）加强并提高企业内部管理和决策水平

1. 提高管理层的素质

企业的形象完全取决于管理层的素质，也对企业更好地生存和发展起到了不可忽视的作用。作为企业的管理层，要学习先进的企业管理方法，对于企业内部的财务程序和财务管理制度要了如指掌，能够及时地发现企业财务中存在的纰漏和不足。

企业管理层在日常的管理工作中，要做到科学规范地区分决策的重要程度，对于工作重点要有明确的划分，不能存在一人多管的情况，企业的管理层应该区分责任、分级管理。同时，企业的管理层应该增强自身的决策、计划、分析等能力，提高素质，对于财务工作中重点的指标、财务数据，要有独立分析和总结的能力。

2. 提高企业内部员工的素质

在企业内部，提高企业员工素质最有效的方法就是建立健全企业的培训机制，这样才能合理有效地形成良好的企业文化。企业建立的培训机制要符合企业自身的特点，同时，要有计划性和目的性地培训企业的员工，不断改善企业的形象，丰富企业的内涵。任何一个企业，只有依靠企业全体员工的共同努力，才能改变企业的不良状况，完善企业的财务管理，规避财务风险，提高企业的竞争力。

（三）建立企业内部财务风险预警机制

企业可以通过建立财务预警机制来实现内部审计制度的完善。为制定目标的实现方法，要科学有效地对决策进行全方位的评估，并采取相应的策略。需要企业建立完善的、有效的风险评估系统，对企业要进行的项目或企业内部的财务进行风险评估并实施预警措施。防范企业经营管理过程中潜在的财务风险。在危机出现前，对企业的各部门进行预警。为使管理层及时发现、规避和解决风险，可以向管理层提出可行的建议，监督其采取合理的方法来应对风险，避免财务风险带给企业重大的损失。

第三节 互联网企业财务风险控制研究

互联网经济已经成为当前全球经济的重要组成部分，互联网企业在互联网经济的发展中做出了重要贡献。随着全球化经济进程的加快，互联网企业面临的国内外竞争压力不断加大，互联网企业要想保持竞争优势必须加强管理，而企业管理中有一项重要内容就是财务风险管控。互联网企业的财务工作有其特殊性，与企业的盈利模式、筹资、投资方式等具体工作密切相关。因此，互联网企业的财务风险控制也必须从这些方面入手，建立财务风险管控机制，加强各项财务活动的风险管理。

一、互联网企业的特点

互联网在刚开始发展时主要以一种工具形式参与到企业发展中，但是，互联网的迅速发展不断渗透各行各业，互联网逐渐独立出来，形成了一种独立的企业发展形势，即互联网企业。互联网企业就是利用互联网平台提供各类服务，以此获得经济利益的企业。在互联网企业发展过程中，我国抓住了这一机遇，因此，当前我国的互联网企业数量众多，从其发展特征来看，互联网企业以互联网为发展平台，其服务对象众多，创新能力强，重视客户体验与互动，且工作效率高，财富积累的速度也很快。从发展形势来看，当前我国的互联网企业还处于成长期，在向成熟期过渡的过程中，互联网企业会面临各种财务风险。

二、互联网企业的财务风险分析

财务风险是由于企业财务意识淡薄，不按照财务规范进行经营管理，导致企业经营模式、资本结构等都不合理，财务状况不稳定，增加了风险存在的可能。互联网企业的财务风险按照其财务活动内容主要划分为盈利模式风险、投资与筹资风险、政府监督风险等。企业财务风险无法完全避免，只能通过有效管控手段不断降低。

盈利模式风险。互联网企业有收费与免费两种盈利模式，收费的盈利模式又包括直接与间接两种。免费的各种软件也有很多，像各种门户网站、360杀毒软件、微博等。电脑手机上的各种游戏就是直接收费的，收费方式有虚拟道具、游戏点卡等，像腾讯会员、爱奇艺会员等基本服务就是间接收费的。不管是免费还是收费的方式都存在财务风险。收费的模式以客户体验盈利，如果客户体验度下降，客户对服务的满意度不高，导致客户流失量太大，使盈利额下降，就有可能引发财务危机。免费的盈利模式一般在前期免费，吸引大量客户，然后依靠后期收费、广告费、推出系列产品等形式进行收费。如果一直免费，当然无法获得经济利益。但是由免费到收费客户一般不易接受，很容易引发财务风险。

筹资风险。互联网企业的资产以无形资产为主，上市公司以股价的形式估算无形资产，规模较小的互联网企业无形资产估算很难，导致互联网企业无法获得较广阔的融资渠道，很多企业因此选择风投或众筹融资。这些方式不仅会增加财务风险，还有可能稀释企业自身的股权，也有可能无法有效掌控企业，对互联网企业发展非常不利，必须时刻警惕。另外，互联网企业由于固定资产非常少，资产负债率高，投资者对其缺乏信任。如果不能及时获得投资资金，企业出现资金链断裂的情况就无法避免，企业也就无法有效经营。

投资风险。互联网企业要想发展就需要吸引更多客户，占有更大的市场份额，需要企业不断进行投资。一般在前期投资时，互联网企业都会处于亏损状态，这是互联网企业抢占市场份额的主要方式。一旦占有较大市场份额，企业的后续产品与服务继续跟上，开始收费经营，企业就会快速获得利润。但是在前期投资中风险很大，如果企业的后续产品跟不上或者被其他企业抢先，企业就会面临巨大的财务风险。当前很多互联网企业都面临着投资风险，也有一些企业的投资无法与收入形成正比，这也是投资风险产生的重要形式。

政府监督风险。互联网企业发展快速且数量众多，政府的监督管理机制与相关的法律法规还无法与互联网企业的发展速度同步，企业的发展缺乏规范性就会影响到互联网企业风险的防范与管控。政府监督机制的不到位导致互联网企业的发展环境受到影响，我国整个互联网企业就无法走上健康发展、良性竞争的道路，在国际竞争中会面临更大的风险。

三、互联网企业控制财务风险的有效对策

拓展筹资与投资渠道。投资与筹资风险是互联网企业面临的重要资产结构风险，为了提高企业的风险控制能力，企业需要拓展投资与筹资渠道，以更多的渠道分散财务风险，从而达到降低财务风险的目的。在这方面我国政府为了鼓励创业，推出了一系列优惠政策，互联网企业可利用这些政策积极开展研发创新活动，推出新的创新产

品，扩大投资与筹资范围，例如低息贷款等政策。当前市场上很多投资者也越来越重视互联网企业及其产品，互联网企业也要抓住这些机遇，积极与市场上的投资者联系，寻求拓展筹资渠道的方式。

保证经营现金流量的有效获取。互联网企业要想取得长远发展就必须保证现金流量渠道的畅通，互联网企业在产品前期投资时需要大量资金的支持，因此，企业必须能够保证经营现金流量的有效获取。在推出新产品时，如果市场上新进入的同类产品较多，企业就需要及时更新盈利产品。最先进入市场就会获得较大权利，如果不同企业的产品相似度较高，在市场上不能尽早占领市场份额，也就无法及时获得经济利润，也就不能保证企业的现金流量获取，企业就可能出现资金链断裂的问题。因此，互联网企业必须特别注重研发创新，同时要密切关注市场上的信息，一旦出现同类产品，企业就只能更新产品或开发新产品，避免资源的浪费。同时，企业还要注重同时开发多种产品，一旦某一产品推出市场的速度太慢，无法获得较大利润，就可以推出其他产品以此获利。另外，互联网企业还要对自身的实际情况有一个准确、全面的把握，企业必须了解自身的优势与不足，积极利用企业资源发挥自身长处，在市场竞争中保持并不断提升自身的竞争力。

降低成本结构方面的风险。互联网企业的成本结构风险主要表现在研发投入、人才流失与销售费用等方面。互联网企业的发展离不开优秀的研发人才，他们是企业发展的核心，如果企业的研发人才不足，就无法获得更多创新产品，发展就会受阻。因此，企业需要根据发展与人才的能力，为研发人员提供上升的渠道，提高薪酬，并不断改善研发人员的工作环境。同时，企业要把大量资金投入研发领域，如果企业研发资金不足，还可以通过合理的融资渠道获得融资，为研发工作提供资金保障。销售费用也是互联网企业的主要费用，特别是在企业初级发展阶段，需要大量的资金扩大市场份额。但是，企业要对销售费用进行合理规划，不能盲目地投入，避免企业资金的浪费。

优化盈利模式。互联网企业的盈利模式比较单一，如果不能积极创新优化盈利模式，就不能跟上市场经济发展的步伐，企业财务发生风险的可能性也会增加。企业可以把当前常用的广告盈利方式与付费的方式结合在一起，而不是两者单一进行，这两种方式各有优缺点，如果结合在一起可以起到互补的作用。付费可以使企业获取更多现金流量，广告方式则可以提高市场占有率。

互联网企业虽然蓬勃发展，在全球化的大背景下具有很大的发展机遇，但是从近年来的发展情况来看，很多互联网企业的发展不容乐观。这主要是因为企业管理能力不足，有很多企业更是由于财务风险管控不足，而陷入了财务危机，阻碍了企业的发展。为了提高互联网企业的财务风险控制意识与能力，互联网企业需要拓展投资与筹资渠道，优化企业盈利模式，提高财务风险管控能力。

第四节　企业财务风险的控制与防范

在企业管理的每个环节中都有与财务风险相关的工作，怎样防范和控制财务风险问题和企业是否能够蓬勃发展有着莫大的联系。然而，财务风险是客观存在的，企业只能尽最大的努力去防范风险，使其对企业的危害降到最低。因此，采取何种方法降低财务风险给企业带来的经济损失，是当今企业应该思考的问题。本节就如何对企业的财务风险进行控制与防范，结合当今企业财务风险方面所存在的问题，从不同的角度进行分析，并探析出解决方法，供企业参考。

财务风险是指企业面临外部环境以及进行内部管控的过程中，遇到的一些不可预测的问题，使得企业的实际收益和预测收益出现偏差的情况。在这个快速发展的时代，环境的不确定性和多变性大大地增加了企业财务风险。又由于企业内部管控也存在问题，大部分的企业不能够有效地对企业财务风险进行控制和防范。

一、当前企业在财务风险控制与防范上存在的问题

受外部环境客观因素的影响。财务风险不单单受到企业内部管控问题的影响，同样影响它的还有企业所处的外部环境。外部环境主要包括经济环境、市场环境、社会环境、法律环境等等。因为这些环境很复杂，还具有多变性。它或许可以给企业带来机遇，或许让企业处于困境，使得企业财务方面受到损失。但是由于这些环境因素是属于企业不能管控的范围之内的，而对它的多变性和复杂性企业找不到趋势和规律，所以企业往往对于此方面因素束手无策。

这些环境因素不单单对企业的财务方面影响深远，同样对企业的经营管理影响深远。在这些客观环境因素中经济环境因素是尤其具有影响力的，它也是最复杂最多变的。例如经济环境的变化产生的汇率变化、产业政策变更等都对企业的经营产生严重的影响。正如2008年爆发的全球金融危机，全球的企业，无论大型小型都受到经济环境的冲击，使得多数企业表现出经济萧条状态。由此看来，企业所处的外部环境因素在很大的程度上影响着企业的财务管理。这是当前企业在财务风险控制和防范上存在的第一个问题。

财务工作人员缺乏风险意识。财务风险是客观存在的，不可能完全避免。正因为财务风险不可能完全避免，所以使得财务工作人员对防范风险意识的觉悟不高。因为他们觉得财务风险一定存在，无论如何防范都是无用的。这是财务工作人员对财务风险方面存在的误区，也是他们缺乏财务风险意识的体现。同时，也因为当前我国的财

务工作人员受到传统经济的影响和专业教育的局限，他们的专业水平和综合能力都有待提高。他们的财务观念、财务方法、专业上的判断力和执行力还不能很好地适应快速发展的经济环境。在实际生活中，非常多的企业的财务工作人员专业技能不足，没有承担起财务风险防范方面的能力，却担任了财务风险防范类的职位。

除此之外，最为重要的就是企业的管理层和领导人对企业风险管理的控制的不重视。企业风险管理工作往往流于形式，没有真正地重视企业财务风险防范工作，使得企业出现财务方面的危机。而财务人员的技能缺失又影响了财务风险的解决，更使得企业的经济损失增多。这是当前企业在财务风险控制和防范上存在的第二个问题。

企业缺乏健全的财务预警、御险机制。财务预警、御险机制是以财务报表、管理计划、有关的财务信息和外部环境信息为根本，通过科学的分析方法与数学方法相结合，预测出企业潜在的财务风险并告知相应的管理阶层。同时需要详细地指出企业管理问题和风险的存在原因以及当前财务工作执行中所存在的隐患，用来警醒企业管理阶层尽早地对潜在风险做出决策和控制。但是当前我国企业并没有建立健全财务预警、御险机制，主要有两方面原因，一方面是由于企业并没有一个很好的财务管理风险意识，主要原因是上述讲的财务工作人员风险意识的缺乏。这里就不再赘述。另外一方面的原因是企业没有形成良好的财务风险管理文化，这样使得企业对财务管理的构架和权力、责任没有做到全面的规范，财务管理的权力、责任不明确，管理混乱。加上企业内部工作人员之间缺乏交流，合作存在障碍。这是当前企业在财务风险控制和防范上存在的第三个问题。

二、当前企业在财务风险控制与防范上存在的问题的解决方法

企业需要加强对外部环境的适应力。企业面对复杂多变的外部环境时需要加强对外部环境的适应力。企业财务风险对外部的适应主要表现在针对由于外部环境的变化而使企业发生的财务风险深入探究关于环境变化的原因和对企业财务风险方面的影响。企业可以通过派遣专业人员对外部环境进行深入的探索和研究，深入调查并分析和预测出将来外部环境最可能的发展趋势，以此来制定出相关的决策方法。结合上述原因与研究制定出最有效的策略方法来控制财务风险，使得受外部环境影响的财务风险所带来的财务损失减少到最低。同时，在财务风险防范方面，企业就应该关注所处的外部环境，对外部环境的实时动态都了如指掌，并进行及时的分析和探究，判断出潜在的外部环境可能带来的风险，制定出相应的解决方法，才能在最大的程度上将外部环境的影响降到最低。除此之外，还要恰当切实地调整财务管理模式和方法，提高企业财务对外部环境的适应力和应变力，降低风险，确保企业的经济效益，促使企业蓬勃发展。

提高财务工作人员的风险意识。面对企业财务工作人员风险意识的淡薄，企业要

想办法提高财务工作人员的风险意识。最重要的是要从企业管理层开始，只有企业管理层从根本上树立起财务风险意识，手下的工作人员才能重视财务风险防范工作。企业可以通过制订相应的培训计划，对管理层进行定期的培训，让其意识到财务风险防控的重要性和不可或缺性，树立起财务风险防控意识，使其加强对财务风险管理工作的监督和管控。另一方面，对于财务工作人员要进行专业知识上的培养，向他们输入最新的、最具有实用性的专业知识，结合现实案例分析，提高他们的专业素养。同时也要对他们进行培训，并且培训是定期进行的。因为快速发展的市场经济环境具有多变性，只有不断输入能应对当前环境的专业知识，才能够将知识与实际有机地结合在一起，提高财务工作人员对财务风险的敏感度，加强他们财务分析的能力和对财务风险防控的能力，大大地提高工作效率，而对企业来说降低了财务风险的概率，是间接地给企业财务带来了效益，促进了企业的蓬勃发展。

建立健全财务预警、御险机制。首先，针对企业财务风险文化方面要改善风险环境，培养企业财务风险文化。要明确各个部门的责任和义务，使各个部门尽到最大义务，承担自身的责任。同时，企业还要设有信息传递的途径，加强企业各个部门和单位的沟通，加强工作人员之间的沟通。只有良好的信息交流，才能更好地合作，取长补短，提高工作效率。

其次，健全财务预警机制要从多方面出发。

现金风险方面。现金是财务的基本表现形式。企业要对现金流量进行分析，对现金的收支、账款、消费等的变化情况有相当的了解。核实现金的流动时间来提前防范潜在的风险因素，并且提前拟订可供操作的解决方案。除此之外，还要求企业在进行交易的过程中谨慎地选择交易客户，加强对财务的管理，科学操作，降低现金风险。

存货风险方面。企业要根据自身的交易数额，确定库存物资的最优量。减少闲置库存，加强对库存物资的集中管理。此外，存货管理可以通过 ABC 分类来控制，实现存货供应链条。

除此之外，建立健全财务御险机制也同样重要。为了尽最大可能防范潜在的财务风险，企业应实行以下措施：

建立起风险转移制度。企业通过某种渠道使单位或者全部的财务风险转给其他人承受的方式，例如通过给企业投保的方式。

建立企业风险分散机制。以企业分散经营和对外投资等方式分散财务风险。

加强风险相应决策，降低风险。例如，构建财务风险基金，在企业产生风险之前，专门设立用于防范财务损失的备用基金。

财务风险控制。将已经发生的财务风险记录于财务风险方案中，分析案例，探究原因，吸取教训，防止下一次损失的产生。对于已经产生的损失要及时地处理，不能长期搁置，给企业发展留下隐患。

总而言之，随着市场经济的快速发展。企业财务风险控制与防范变得越来越重要，在很大程度上影响着企业的发展。企业如何处理财务风险所受的外部管理客观因素？如何树立财务工作人员的风险意识？如何建立健全财务预警、御险机制？这就需要企业加强对外部环境的适应和判断；制订相应的培训计划，定期培训管理阶层和财务工作人员，树立其财务风险意识；改善企业文化氛围、建立健全财务预警、御险机制等等。具体的实施方法要结合企业自身的实际情况，并不是所有企业都适用的。如何面对企业财务风险的控制和防范，依旧是企业有待思考的问题。

第五节 纳税筹划中的企业财务风险控制

随着我国市场经济体制的日益完善，企业税务风险也突出表现出来。一般企业30%以上的收益要通过纳税上缴地方和国家财政。但作为财务管理中的重要内容，一些中小企业对于纳税环节的管理还较为薄弱，给企业带来了较高的税务浪费和税务风险，因此，实时跟进税制改革、掌握税法及相关的知识和信息，通过科学的纳税筹划，合理降低税赋及税务风险，提高企业财务管理水平是企业管理者的必修课。本节据此提出纳税筹划中财务风险控制的一些观点。

一、纳税筹划的重要性

纳税筹划是企业财务管理的重要内容，它是在不违反税法并符合税收政策的前提下，加强企业纳税环节的管理，通过纳税筹划，节约资金提高效益，并降低财务风险中的税收风险。同时发挥税收杠杆的调节作用，因此，纳税筹划对以盈利最大化为目标的市场经济中的企业尤其重要。

节约资金。筹资、投资、营运资金是财务管理的重要内容，现金为王是任何企业都明白的道理，企业的可持续发展过程中，成本和税金是资金耗用最大的两个方面，无疑，成功进行纳税筹划，减少税收支出，就实实在在为企业节省了现金流，相对增加了资金来源，同时减少了融资成本，这对企业目标的实现，其作用有时比增加收入形成利润更直接、更高效。

提高企业综合管理水平。纳税筹划是一项系统工程，大的方面涉及企业从战略规划、投资、建设、运营甚至破产清算，小的方面涉及运营环节、成本收入管理和个人薪酬控制等，科学的纳税筹划，必定是建立在系统地规划、核算和财务管理的基础上，且由专业人员动态管理完成的，这一过程本身就是自我修正和管理提升的过程。

有利于企业财务管理目标的实现。通过成功的税务筹划，从上至下，先谋后动，加强了对于业务流程的管控和财务目标的制定、实施，可以在外部环境不变的情况下，更好地实现财务管理的目标和竞争优势。此外，税收筹划下的企业重组并购和业务流程再造能促进企业优势互补迅速走上规模经营之路，实现利润最大化，这也是实现企业财务管理最终目标的有效途径。

二、纳税筹划产生财务风险的主要原因

纳税筹划对企业发展的好处显而易见，但实施过程中也存在风险，主要原因有以下几个方面：

征税与纳税的目标不完全统一。从国家宏观经济的角度来看，税收是国家治理的基石，税制改革直接关系到国家治理体系和治理能力的现代化。《中华人民共和国宪法》规定中华人民共和国公民有依法纳税的义务。这表明我国税收具有强制性、无偿性、固定性的特点，依法纳税是企业的基本义务。所以一切的不按税法要求的缴税行为，都是征税者不允许的，也必将受到不同程度的处罚，这里包括有意的或无意的行为。而从纳税者角度讲，资金、成本和利润是企业经营管理和会计管理的三要素。减少资金投入、降低成本，实现利润最大化，是企业追求的目标，所以税收筹划必将成为企业理财的一个重要领域，是企业整体利益最大化的一种手段，其最终目标是降低税赋，减少资金支出，这初始的原动力与国家税收强制性产生差异，服务直接主体不同，目标不完全一致，必然会形成财务风险。

政策理解的不准确和逐利的侥幸心理。企业在实际纳税过程中，经常会发生会计确认与税法确认的不一致性。这种不一致性给企业带来的损失一般可以分为两种：未按照税收政策的规定足额纳税，从而导致企业面临罚款、征收滞纳金甚至承担法律责任及声誉受损等损失；或者因为没有充分的理解并运用税收优惠政策，企业面临着较高的税负，这种不必要的财务成本也是一种损失。财务人员专业技能不精、政策掌握不准，甚至因利益驱动而故意忽视风险、心存侥幸等都是导致会计确认与税法确认不一致性的因素。

财务人员业务水平的不适应。税制的改革，必然产生税务与会计的衔接问题，历年的财务检查，出现问题比较多的，也正是改制后的一段时间。而这种不适应性体现在财务人员自身与外部环境两个方面：一方面，会计制度的变革、税法的修订，对财务人员的专业学习能力提出了较高的要求，专业技能不精，不具有快速领会新的会计准则、税法的能力和与时俱进的意识，财务人员有可能无法适应未来的财务工作，特别是纳税筹划的相关工作；另一方面，大数据时代下金税三期的开通，使税务部门通过信息化手段实现了国地税之间、各地税务机关之间增值税发票信息和数据的共享与互通，在这个背景下，监管部门可以利用更有效的工具对企业的纳税情况进行监管，更严的税务监管环境势必会为企业带来更大的涉及纳税方面的财务风险。

三、纳税筹划的财务风险控制

坚持合法性原则。市场经济下的企业以获得利益为最终目标，但是企业的经营行为必须在合法的前提之下，企业的经营者也应该将企业的目标与国家的税收目标统一起来，在制定企业财务目标的时候将税收层面充分地纳入筹划中，否则，企业非但不能获得最大收益，反而会承受损失甚至因违反法律而被迫破产清算。避税、减税虽然与偷税、漏税仅一字之差，但是带来的结果却是完全不同的，虽然在纳税筹划中二者之间并不存在一个明确的界限，但是实际操作中坚持符合税法及相关政策的规定，就会降低税收筹划所带来的财务风险，并为企业带来持续的收益。

加强财务人员的管理。针对财务人员业务技能不精、业务水平不适应新的制度及准则的情况，企业可以将相关内容作为雇用财务人员的考核标准，并定期进行业务技能培训、考核等，同时设置税务管理专门岗位，配备税务师等人员，加强财务人员的专业技能和适应新的税法及准则的能力培养。同时，针对少部分因为利益而不按照税法准则要求处理业务的员工，企业可以制定更为详细的、严格的内部控制制度，确保工作人员按照企业的规章制度处理业务，降低纳税筹划过程中不必要的财务风险。

避免过度筹划，坚持成本效益原则。纳税筹划的成本包括实际成本、机会成本和风险成本。有些情况下，虽然某种纳税筹划方案理论上可以降低实际成本，但有可能使企业承担更多的机会成本、风险成本。最简单的例子就是企业过度纳税筹划，造成偷税、漏税，使企业承担的风险成本远高于节约的实际成本，得不偿失。因此企业在制定实际的纳税筹划策略时要综合考虑是否给企业带来绝对的利益，这就要求决策者站在企业整体利益的角度来评价纳税筹划策略，避免舍本逐末的纳税筹划行为。

加强发票管理。财务管理中，现金为王；在税务管理中，发票为王。在我国，发票在财务核算和税务审核中发挥着不可或缺的作用，合法取得和开具发票成为纳税链条中最重要的一环，90%以上的纳税风险都是发生在发票环节。特别是营改增后，增值税发票的作用更是达到前所未有的高度。同时国家通过金税三期工程也加大了增值税发票的管控力度。发票作为企业纳税的重要凭证，只有经过妥善的保管、准确的取得、严格的开具等多道程序，才能确保企业按照税法的要求正确纳税，否则，脱离了发票，企业纳税管理也会变得混乱无序并最终承担较高的风险成本。

总之，纳税筹划是企业必须为之的管理行为，但如何筹划却是科学严谨的财务行为，降低风险取得实效是纳税筹划的最终目标。

第六节　中外合资企业财务风险控制

伴随我国改革开放的不断深入，中外合资企业规模日益扩大，为我国经济发展贡献了巨大的力量。合资企业具有特殊的资本构成形式，因而在经营上相对于独资企业具有更多的风险性，为了更好地防范中外合资企业经营管理上面临的潜在风险，进行必要的财务风险控制，是合资企业风险管理的重要工作。本节通过分析探讨中外合资公司在财务风险方面的控制管理措施，以期找到科学方案，更好地防范企业面对的各类财务风险。

一、中外合资企业财务风险分析

中外合资企业现金风险。现金风险主要指的是企业现金管理方面出现的问题而导致现金流动能力不足给企业造成的资金短缺、经营受阻、资金链断裂等方面的风险。合资企业的现金流动在流入流出方面具有相互环节的内在影响作用，因而现金流入上出现了问题，必然就会造成现金流出无法得到保障，从而使企业需要依靠现金进行运作的一些采购与生产活动难以开展，影响企业正常的经营秩序。而这样必然会导致企业现金的流入量进一步减少，引发恶性循环，造成企业面临严重的资金周转问题以及资金链断裂的风险。

中外合资企业营运风险。

从供应环节到生产环节，再到企业的市场销售环节。合资企业在日常运营上主要可以分为三个环节，分别是供应、生产与销售，在供应环节，企业通过进行资源采购，购置用于生产所必需的各类原材料，通过支出现金，获得原材料购进；而在生产环节，随着企业的生产活动开展实施，原材料通过企业投入人力与设备进行加工而形成产品；在市场销售环节，企业通过实施商品销售，把生产出来的商品卖给消费者，从而获得收入，这样形成一个现金资产跟货物资产的流动转化过程。在这一过程中，所有的环节相互联系，具有各自之间的逻辑关系，其中任何一个环节出现问题，都有可能导致整个循环的正常运作受到影响，从而引发企业营运风险。

从货币资产到原材料再到产品并最终实现销售收入。这一路径中，主要的风险集中在资产由现金向实物、再由实物回到现金的转化过程中。这一路径跟上面的路径一样，都是环环相扣，各个环节之间具有严密先后关系的循环系统，其中任何一个环节出现问题，都会影响到后续环节的正常运作，因而其风险主要蕴含于运营过程中，生产问题或销售不畅、原材料购进不及时都有可能造成整个循环受阻而导致企业面临财务风险。

中外合资企业盈利风险。盈利风险主要指的是企业受到各类因素的影响，而在一段时间出现盈利水平下降，造成收入减少，财务状况不理想，使得企业面临财务危机。本节主要以合资企业的对内投资作为切入点，探讨其投资活动有可能面临的各个方面风险因素。这主要可以概括为以下几点：其一，企业的市场消费需求缩减，导致产品销量缩减，从而造成销售收入降低，利润减少。其二，市场消费量缩减导致企业产品销量减少，造成企业产能过剩，出现固定资产闲置，单位管理成本提升，最终使企业的盈利水平下降。其三，进出口业务汇率变动对合资企业将产生较大影响，另外中国与国际上的核算准则差异性也会对合资企业盈利产生一定的影响。

中外合资企业偿债风险。如果企业无法及时有效地安排资金，偿还债务，就会面临到期无法偿债的风险，导致此类风险发生的路径主要有以下几点：其一，企业依据自身的投资需要，进行短期借债，但是因把资金投入到长期投资活动中，因而难以在有效期内实现投资回收，难以如期偿还借债，出现偿债风险。如果企业以短期负债形式进行融资，企业融资难度较低，能够获得更多的资金，但如果企业在资金管理上不注重对融资性质的关注与投资期限的管理，把短期融资筹集到的资金用于长期投资，则债务到期时投资无法收回，就会出现企业难以偿还到期债务的问题，给企业带来偿债风险。其二，企业出现投资需要，通过进行长期借债而获得资金，并将其用于资产投资活动中，不过因新的投资项目经营效果未达到预期目标，难以实现如期投资回笼，从而造成企业难以如期还本付息。其三，企业出于投资目的进行权益融资，而预期权益资金的使用效果不理想，投资报酬率无法达到预期目标，企业投资的股票出现行情下跌，造成企业资金损失，无法有效偿还到期债务。

二、中外合资企业的财务风险控制策略

形成共同的财务管理目标。财务管理也应以合资企业的价值最大化为目标，以企业价值的提升来维护双方股东的权益。例如，S公司在合资初期，合资双方制定了企业发展战略目标并起草了商业计划书，取得了合资初期的良好业绩。随着合资进程的发展，合资双方母公司也进入了新的发展阶段，对合资企业产生了不同的利益期望，导致S公司的战略目标不再清晰，双方管理人员经常为维护各自股东的利益而产生矛盾，影响了公司的持续发展。中方公司财务领导意识到，没有清晰的公司战略目标将影响财务管理目标的贯彻，从而使公司收益即投资双方收益受损，并向母公司反映这一情况。母公司领导通过与外方高层沟通、董事会协商，双方本着"合作共赢"的原则，共同分析行业发展趋势、兼顾双方利益需求，滚动修订公司战略，形成了融合各方股东意志、有利于提高合资公司竞争能力的目标和规划。S公司还要根据战略目标对经营和财务目标进行层层分解，从而使各层面的中外方管理人员，围绕相同的目标协同工作，减少具体工作中的逆向行为。

形成相容性的财务管理模式。在共同控制的合资企业中，依靠"斗争"来维护各自权益的途径是很难取得良好效果的。中外方管理人员要注重加强交流、增进互信；了解对方所在国的文化习俗和思维习惯，相互包容、求同存异，在合作中维护各方权益。在财务管理模式上，也不宜坚持为将己方的模式移植到合资企业，而反对另一方的模式，应该吸取双方的长处，形成兼容而有效的企业财务管理模式。

中外双方争取更大的信任度。中方财务与法务人员更熟悉我国的相关法规，更快更多地掌握相关信息，并能与政府机关保持着良好的沟通渠道。理应在保证合资企业合法经营的前提下，争取国家给予合资企业和外方投资者的更多的政策优惠。在中方主动争取合资企业和外方投资者利益的过程中，也会增加外方对中方的信任度。S公司财务管理层主动向政府申请对合资企业的扶持政策。另外，S公司的外方与中方应在以后的工作中更多考虑双方需求，互相理解和配合。

加强双方财务交流。S公司推行了定期的人员交流方案，实现双方财务人员的互相交流培训。这样双方财务人员可以及时充分了解对方的财务管理思维和财务管理模式，减少双方财务人员因背景差异产生的沟通问题。同时学习对方管理的长处，取长补短，逐步达成共识。

满足母公司财务报告要求。虽然合资公司都有义务向母公司提供相关信息，但由于两地证券交易所要求披露的信息内容有所不同，双方又缺乏对对方上市规则的了解，就容易造成信息提供时的误解和阻力。通过双方法律部门的充分沟通，彼此了解了对方的客观需求，公司各相关部门本着公平、对等和相互尊重的原则，便可同时满足双方信息披露的要求，化解了矛盾。在双方交流互信的基础上，公司双方财务人员共同构建了各取所长的财务管理模式。

形成适合企业实际的财务管理方法。有了理念上的趋同和财务管理模式的总体意识，还需要有规范的财务管理制度和处理财务事项的明确流程、方法工具。一方面可以提高财务管理的效能；另一方面可以在实际工作中约束大家的行为，减少因思维方式差异而产生的矛盾，确保企业的决策得到执行。

参与制度的修订及完善。S公司中方财务负责人积极参与财务管理制度的修订，设置有效的财务控制流程。在制度建设过程中，坚持以公司章程为准绳，以双方达成一致的财务管理模式为框架，结合公司已有制度和业务发展需要，制定适合本企业实际的制度体系，并在执行的过程中不断更新完善。在流程设置中，坚持与制度紧密衔接，既保证重大事项最终由董事会审定，又根据董事会的授权，简化一般事项的审批流程，提高财务管理效率。修订后的财务管理制度经董事会讨论批准，统一双方意见，作为双方管理人员处理日常事务的标准。

推行全面预算管理。全面预算管理制度的推行，进一步推动双方的经营目标在董事会达成共识，双方管理人员的精力共同集中于完成董事会下达的预算目标。财务部门加强对预算全过程的分析控制，对企业销售、采购等存在的问题和风险及时进行了预警，向各部门及时反馈信息并提供对策建议，努力以年度预算目标的完成促进公司战略目标的实现。

借助外部力量加强风险管控。共同控制合资企业的一些风险点，往往涉及外方的利益，如外方的关联交易、转移定价、关联企业的应收账款等。对于企业财务部门揭示的问题，外方很可能视而不见。为避免中方管理人员与外方管理人员的直接冲突，可以聘请知名会计师事务所对企业进行独立财务及内控审计，出具权威性专业意见。如有涉及股东利益的重大问题应提交董事会协商解决。

第八章 风险管理决策

第一节 风险管理决策的基本要素和过程

一、决策的基本要素

说到决策必须具备下面的基本要素：

（一）目标

对风险管理而言，首先要确定风险管理决策所确定的目标。例如所选择的风险管理方案是要满足收益最大，还是损失最小，或是成本最低，或是要实现企业的长期目标还是短期目标，或是要满足政策法规的约束。

（二）策略

决策者至少面临两个以上的可行风险管理方案和决策变量。如果只有一种方案是可行的，那就别无选择，也就不存在风险管理决策的必要；通过风险管理决策只是要选择其中最佳的方案。

（三）状态

存在决策者无法加以控制的两个以上的自然状态，即组织面临的损失的未来结果是随机或不确定的。否则，决策是无必要的。

二、影响决策结果的主要因素

决策是一个非常复杂的工作过程。风险管理决策时需要考虑许多因素，这些因素直接或间接地影响决策的结果。我们可以将这些影响因素分为以下几个主要方面：

（一）经济因素

单从经济角度考虑，风险管理决策实际上是风险管理成本与效益的权衡，再加上风险因素的调整。如果存在两种可行的风险管理方案 A 和 B，A 与 B 的风险管理成本相同，A 比 B 的风险管理效益好，当然风险管理方案 A 较好，应选择 A 而放弃 B。然而，实际情况是决策在实施之前，成本与收益是未来发生的，是不确定的。因此，在风险管理决策之前首先需要对各种风险管理方案的成本和收益进行预测，预测的误差或与事实的偏离都将影响决策的结果。本章所介绍的方法基本上只是考虑了经济因素。

（二）模型与准则

决策是建立在一定模型与准则基础之上的。首先，对每个风险管理方案对应的成本、效益和风险程度（或可信程度）的预测结果依赖于预测模型的选择和所基于的信息数据的取得；其次，在成本、效益和风险程度确定后，还依赖于决策模型或准则的选取。在本章第二节，我们将介绍几种一般决策准则；在本章第三节我们将用净现值法和内部收益率法作为风险管理决策的特殊准则。我们将看到不同的决策准则对应于不同的决策结果。

（三）环境与条件

风险管理决策结果还取决于企业或组织内部、外部条件和状态；更进一步说风险管理决策应考虑企业所处的宏观经济状态、行业发展状况、内部财务状况、对风险的敏感程度或对风险的承受能力、企业的投资机会和市场地位等。

（四）心理因素

即使在相同的环境和时期，不同的决策者也可能会有不同的风险管理决策结果。这是因为不同的决策者具有不同的心理因素，对风险具有不同的偏好程度，对组织所面临的风险程度具有不同的认识，对风险及其管理会有不同的处事态度。

当然影响风险管理决策结果的还有许多因素，例如，决策所基于的信息的完整性和不确定性，其他相关的管理活动或项目的成本、收益和风险程度，政策、法规约束等。

三、好的决策的特点

同一种风险管理决策方案对于一个企业是好的方案，对另一个企业可能是不适应的，是不好的方案。但好的决策必须有效率、有效果而且能实现既定的目标，更具体地说应具备下面的基本特点：

（1）时效性。在恰当的时间做出决策。如若不能及时做出决策，不但不能有效管理风险，而且还可能带来更多的风险。

（2）客观性。要依赖于事实与数据。风险管理决策方案的形成不能只凭感觉和自己的意愿，应充分基于事实与数据的分析和客观的评价。

（3）合理性。要有逻辑，遵循某种基本原理。前面几章已经给出了许多实施有效的风险管理的基本理论，这些理论是决策的基本原则，体现最根本的处事逻辑，当然理论的应用也受到环境的约束。因此，风险管理决策方案应该尽量做到合情合理。

（4）目的性。做出决策以实现某一目标。在第二章我们已经阐述过设定风险管理目标的重要性，当所定目标是合理的，那么，风险管理决策方案就应该尽量去实现既定目标，包括短期目标和长期目标。

四、风险管理决策的基本过程

风险管理决策的过程实际就是针对给定的风险管理目标对相关信息数据进行搜集、整理、分析、预测、判断的过程。这里判断就是在不同的风险管理方案中进行选择，选择要基于对数据信息分析预测的结果，需要对收益和成本进行权衡，再依据一定的判断准则进行取舍。

关于信息数据的收集、处理、分析预测的过程、注意事项以及要求，在《应用统计学》类的教材中都有详细的介绍。如何根据风险管理的具体情形进行修正，我们将在下面的一些例题中看到针对性的实践。本章重点介绍最后两个阶段，即"模型准则"和"选择方案"。

第二节　风险管理决策准则

在进行风险管理方案选择时需要一定的准则作为选择标准。一般来说，不同的风险具有不同的准则。这一节将给出两种风险类型的一般决策准则。

一、风险管理决策类型

根据决策所基于的风险及相关数据特点，我们可以将风险管理决策划分为以下三种类型：

（一）风险型

风险型意味着未来损失或收益的状态不止一个，但各种状态发生的概率是已知的，而且对应每种风险管理方案的未来损失状态或收益结果的概率事先是知道的。不过不论决策者采取哪种风险管理方案都会有一定的风险，决策准则只是要使这种潜在风险最小，或者使所选择的方案对应的期望损失最小。

（二）不确定型

这类决策表示的是所面临的未来损失或收益不仅存在多种状态，而且这些状态出现的可能性是不知道的，或者发生的概率现在无法确定。

（三）确定型

确定型的决策假设各种风险管理方案所产生的效果是确定的，例如风险损失状态是确定的，或者是可预期的，然而不同管理方案带来的效果是不一致的，决策者要在众多方案中选择一个满足一定准则的最佳方案。现金流量分析法大体上属于这类决策类型。

二、风险型决策准则

对于风险型的决策有以下两种基本决策准则：

（一）最大可能准则

选择概率最大的自然状态（这相当于把风险型决策转化成确定型决策）。

（二）期望值准则

该准则的基本原则是选择使期望值最大的行动方案。

风险型的决策一般使用期望值准则。先计算每种风险管理方案相应的期望损失（或期望收益），然后比较这些方案的期望损失（或期望收益）的大小，最后选择期望损失最小（或期望收益最大）的风险管理方案作为最佳方案。

三、不确定型决策准则

实际中我们面临的主要是不确定型的风险状态，因此不确定型的决策准则尤其重要。这类的决策准则有很多，下面介绍一些最为基本的。

（一）悲观法则，或大中取小准则，也称瓦尔德决策法则

该法则的基本思想是，决策者由于害怕决策失误造成较大损失，对客观情况总抱有比较悲观的态度，把结果估计得很不利、很保守，也就是"凡事从坏处着想，朝好处努力"，希望从中找到一个较好的方案。因此，称为最大最小决策准则。

（二）乐观法则，或最小最大决策准则

与悲观法则相反，乐观法则的决策者比较乐观，凡事看到好的一面，然后尽量控制坏的结果，采取的是"大中取大"的最优决策法。下面用一个实例来说明这些准则的具体应用。

假设某企业的一间生产厂房面临火灾隐患。由于厂房内是易燃物品，火灾的结果基本上是两种可能：没有任何损失，或者全部毁损。风险经理正为管理这种火灾风险征集管理方案，最终获得了三套备选方案。方案Ⅰ：不采取任何风险管理措施，不购买火灾保险，也不安装灭火设施。这实际上是一种无计划的风险自留。方案Ⅱ：不购买保险，但购置消防设备（购置费用2万元），采取一些防火防损的安全措施。方案Ⅲ：购买保险（保费3万元），但不采取其他安全防范措施。该风险经理将会选择哪种方案？

由于没有给出火灾发生的概率,因此这种决策属于不确定型决策,可以考虑采用不确定型决策准则进行选择。如果该风险经理处事处处谨慎,利用悲观决策准则较为合适。按照悲观准则,风险经理从坏处着想,认为火灾会导致损失,也即厂房将处于全损状态,然后再选择使损失和控制风险的成本最小的管理方案。

第三节 风险管理决策的现金流量分析方法

现金流量分析法在财务管理和其他经济学科中有着广泛的应用,是投资决策分析最重要的分析工具。投资决策需要考虑两个重要方面,一是技术的可行性,二是经济的合理性。现金流量分析法正是衡量投资决策的经济合理性。

下面我们先简单介绍现金流量分析法作为一般投资决策分析的基本原理,主要介绍净现金流法和内部收益率法,然后阐述现金流量分析法在风险管理决策中的应用。

一、现金流量分析法的基本原理

(一)现金流

现金流是指一项投资方案的全过程所产生的现金流出(资金投入)和现金流入(资金回收)按时间先后顺序的记录。现金流入与现金流出在给定支付时间点的差额按时间先后顺序的记录结果就叫作净现金流。

一个投资项目的现金流出就是资金投入,包括以下方面:

(1)新建、扩建、购置、改造投资资产所发生的全部支出费用。对于一个新建投资项目,往往是初期资金投入大,以后的资金投入将逐渐稳定(除非是分次投入)。

(2)运营成本和费用。如职员工资、管理费用、设备维修费、水电费、各种税等。

(3)处理项目资产残值的费用支出。如投资方案结束时,变卖残余资产设备和交接过程等所要支付的工资、手续费等。

一个投资项目的现金流入是项目维持期间由于提供产品或服务(包括广告费、信息咨询费等等)所获得的收益,也包括项目结束时处理资产残值得到的收入。

(二)资金的时间价值

从上面我们已经看到,现金流是不同时点的资金额所形成的,然而不同时点相同的资金额具有不同的价值,相同时点的资金额可以直接比较价值大小。比如说,你获得1000元人民币的奖金,有两种可选择的领取方案:立即领取1000元人民币或者1年后领到1000元人民币,你会选择哪种方案?一定是选择前一种,换句话说,前一种方案带给你奖金的价值比后一种要大。这种差异便反映了资金的时间价值。

二、现金流量分析法在风险管理决策中的应用

(一)现金流量分析法下的风险管理决策原则

一个风险管理方案类似一个企业投资项目,需要费用支出,也会得到回报或收益。因此,有相应的资金流出(支出现金流)和资金流入(收入现金流),而且不同的风险管理方案将对应不同的收入现金流和支出现金流,从而对应着不同的净现金流。对于给定的贴现率,这些风险管理方案又将导致不同的净现值和内部收益率。按照现金流量分析方法的投资决策准则,使净现值或内部收益率最大的风险管理方案应该是最佳方案。因此,选择使净现值或内部收益率最大的风险管理方案就是风险管理决策的一种基本原则。

下面我们只需要弄清楚:风险管理决策对应的支出现金流和收入现金流应包含哪些基本内容、如何获得。

(二)支出现金流与收入现金流

一种风险管理方案对应的支出现金流应该是该方案带来的管理成本支出流和因为没有完全防范风险而造成的经济损失支出流。它们类似于第二章所介绍过的风险管理成本和风险损失成本。我们回忆一下,这两类风险成本的含义。

风险管理成本由风险融资成本、损失控制成本和管理过程成本等构成。风险融资成本包括自保成本、保险费、套期成本、合同转移成本、外部应急资本的获得成本等。损失控制成本包括防范设施的购置成本、设备调试费用、维护费用、风险管理人员的工资等。风险管理过程成本包括专家咨询费、律师费用等。风险损失成本是指特定风险事件发生后给企业带来的各种直接和间接的经济影响,即包括直接损失和间接损失两大类。

不过在这里,我们的目的是要在多个备选风险管理方案中选择其中一个,因此,没有必要罗列所有的支出,只需考虑这些风险管理方案对应的风险管理成本和风险损失成本差异部分就可以了。风险管理方案可能带来的收益如下:

(1)损失减少部分。有效的风险管理所导致损失的减少。

(2)收益增加部分。有效的风险管理所导致的收益增加,如信心增强、秩序的好转所带来的经营效益的增加。

(3)心理成本减少的部分。好的风险管理方案将减少管理者的忧虑,缓解心理压力,可使管理者集中精力和智慧发展生产、促进经营,使企业获得更多的收入。

同样的,在这里我们只需考虑各种风险管理方案带来收益的差异部分就可以了。换句话说,我们只需要考虑各种风险管理方案之间的净风险损失和净收益就可以了。

第九章 企业财务风险管理

第一节 国有企业财务风险管理

国有企业在进行各项财务活动时，存在众多无法控制以及预测的因素，造成财务状况的不确定性，使企业面对出现损失的可能性，即为国有企业的财务风险。企业在进行财务决策时并未明确相关风险，就更加提升了财务风险出现的可能性。在我国社会主义经济中，国有企业是支柱，也是命脉，其生存和发展对国家的发展具有重大意义。因此，对国有企业财务风险以及管理措施进行分析，有重要的现实意义。

国有企业对国民经济的稳定和发展具有重大意义，在进行经营活动时必须重视其中存在的财务风险。要明确的是，企业财务风险或大或小地存在于企业的所有经营过程中，必须树立防范风险的意识，加强企业内部和外部管理。因此，国有企业必须分析财务风险相关因素，结合企业的实际发展情况，不断提升整体财务风险防范水平，保证自身的健康、持续发展。

一、国有企业财务风险的具体表现

（一）投资决策失误因素

国有企业最大的财务风险是投资风险。企业要发展必须制定相关战略，而战略的制定不是依靠决策者的空想，而是根据企业自身情况，包括人力和财力。如果企业不具有条件而盲目扩大规模，或者进入不熟悉的行业中做不了解的业务，并不会收获预期的利润，甚至会增加企业的财务和经营风险。一些企业的负债率过高，企业财务无法承受，但依然盲目扩大投资规模；有些企业使用银行信贷资金违规进行房地产或者股票投资；有些企业参与境外投资、非主业投资，甚至是高风险领域的投资。部分企业存在不合理的投资问题，以获取更高利润为由，对高风险、不相关的领域进行投资，在很大程度上提高了企业面临的财务风险。

(二)财务风险认知因素

分析当前国有企业财务人员的理财方式和观念,以及对风险的判断能力能够发现,与市场经济环境的需求不相适应。企业高层管理人员的综合能力与市场经济的需求存在很大差距,管理者的风险意识不足,也会导致企业财务风险的提升。此外,企业管理者对竞争对手不了解,在市场经济活动中便可能会遇到竞争对手的故意挤压,而企业却无法采取及时的应对措施,最终造成企业损失。部分企业财务管理层认为只要管理好企业资金,就不会出现财务风险,财务风险概念狭隘,市场风险意识不足。还有些企业为了提高销量,采用赊销的方式进行产品销售,却不了解客户的信用情况,没有及时控制赊销对象,长期无法收回应收账款,对企业资产的循环以及安全产生不良影响,导致巨大财务风险。

(三)财务活动复杂因素

企业财务活动与企业的生产经营息息相关。在管理资产方面,特别是管理存货和应收账款上,包括参与的投资活动、签订的合同以及有关投资项目的融资情况、理财的管理等问题。除此之外,国有企业在发展中会不断扩大其规模,存在多种经济成分,比如参股、控股、全资,还存在与其他企业合资的情况,都造成企业财务管理活动的复杂化。在资金的管理、使用中,并没有明确利益分配和承担的责任,管理方式非常混乱,无法应对形势的发展。有些企业的资金使用各自为政,缺少管理和监督,不仅无法保障资金使用效率,资金的安全也得不到保障。

二、国有企业财务风险的管理措施

(一)加强投资决策的科学化

首先,投资决策方法必须保证科学性。在进行投资决策时,需要考虑到投资决策中的所有因素,使用定量计算分析方法,引入科学的投资决策模型,分析投资的可行性。其次,注重企业投资范围的规范化。国有企业的主要业务范围通常都与国民经济重要行业有关,若在投资时盲目、分散,重点投资非主业,则无法保证自身权益,也降低了对国民经济的主导性。因此,国有企业投资时必须规范对非主业的投资,注重剥离非主业资产,并重视对主营业务的投资。

(二)增强财务管理人员风险意识

企业财务管理人员必须树立科学的管理理念,为有效防范财务风险,对千变万化的市场环境以及企业财务管理环境进行深入分析,并结合企业的财务现状,进行财务管理政策和制度的改革;制定多种应对财务风险的措施,选择科学的方式防范财务风险,减少环境因素导致的企业风险。同时,企业的领导层必须不断增强风险意识,注重市场变化，了解市场竞争者，同时监督企业生产经营的全过程；开展风险防范讲座，注重企业制度的改革和创新，逐步完成风险防范制度的构建。

（三）完善出资人财务监督制度

首先，完善会计信息披露，注重会计核算工作体系的建设。国有企业要实现企业会计核算行为的规范、会计信息可比性的增强、企业经营管理的高效、企业国际化竞争力的提升，就必须统一会计标准。将重点放在年度财务决算审计上，注重企业的重组、改革，逐步化解财务风险。其次，落实企业负责人经济责任审计，实施国有资产管理的监管和评价。出资人经济责任审计作为一项重要的职责，必须注重对企业财产、决策以及财务重大事件的管理。最后，建立规范监督部门，对企业经营者实施监督和规范。

（四）健全财务风险管理系统预警体系

其一，构建财务风险防范机制。企业需要注重内部控制，并结合企业实际，注重财务风险制度的有效性，落实监控管理。做好财务部门的风险分配，明确个人工作内容。建立完善的风险分析报表并存档，注重财产的流动性分析，进行资产质量、负债率的研究，落实风险预警体系。其二，健全财务预警体系，实时监控经济活动中的潜在风险。同时，保证预警系统能够监督整个经营活动，分析企业财务相关数据，使用数据模型找出企业潜在的风险。

简而言之，随着经济的发展，国有企业的管理水平必须相应提升。而企业的经营活动中最为关键的便是财务活动，不可避免地遇到财务风险。本节对国有企业经济活动中的财务风险因素进行了分析，指出其投资决策、风险认知、财务活动都会产生财务风险，并提出了针对性的管理措施，以期为国有企业未来的稳定发展起到参考作用。

第二节 轨道交通企业财务风险的管理

对于任何企业而言，业务管理和财务管理都是经营工作的重点领域，这两方面能否做好，将直接关系到企业能否正常生存和发展。而在财务管理中，财务风险管理又是其中的重要内容，财务风险管理工作如果不到位，将直接影响到企业财务安全和财务控制的有效性，进而对企业经营发展带来一定的不利影响。尤其是轨道交通企业，作为典型的重资产企业，财务管理内容相对复杂，且随着外部环境的不断变化，财务管理中的风险因素又日益增加，因此，轨道交通企业做好财务风险管控对于自身发展有着重要意义。

当前，随着市场经济的不断发展，市场主体在参与市场活动的过程中所面临的不确定因素也逐渐增多，这些不确定因素如果渗透到企业财务管理活动中，往往就形成了企业财务风险。财务风险的存在，不仅会对企业财务资金安全形成一定威胁，也会给企业正常经营管理带来一定的负面影响，因此，做好财务风险管理，往往也是财务管理的重要目标之一。轨道交通企业作为典型的重资产类型企业，且自身投资和生产经营的项目往往规模较大、周期较长，涉及环节较多，在参与市场活动的过程中，也会相应遇到更多、更加复杂的财务风险，因此，轨道交通企业应当高度重视财务风险的管理与控制，并寻找方法切实提升财务风险管控效果。

一、轨道交通企业财务风险管理的意义

所谓财务风险，通常是指企业在各项财务活动过程中，由于受到各种难以预料或控制的因素的影响，财务实际状况与财务管理目标发生偏离，使企业蒙受损失。作为企业发展过程中的必然产物，财务风险始终和企业运行发展如影随形，也因此是企业财务管理、内部控制的重要工作之一。

对于轨道交通企业而言，其在经营发展过程中的财务风险通常是其自身在经济活动中由于各种不确定因素的影响，使得企业财务收益与预期收益发生偏离，从而给企业造成不同形式、不同程度损失的可能。轨道交通企业不论是在财务管理还是在经营活动中的某一个环节出现问题，都有可能导致一些负面情况的出现，比如导致企业资金链断缺，降低企业的盈利能力和偿债水平，或者影响到企业的预算控制，增加企业成本支出，等等。而且当前，随着市场经济的不断发展，市场形态变化的日趋多元化，轨道交通企业的经营环境与以往相比有了明显的改变，这些外部环境的变化使轨道交通企业面临的财务风险变幻莫测。因此，轨道交通企业进行有效的风险管理可以降低企业财务管理过程中的一些潜在风险，减少企业现金流量的波动性，确保企业的经营管理活动能够有序正常进行。同时，在开展财务风险控制的过程中还能够有效地不断地发现企业内控机制、流程管理方面的漏洞，从而促进企业内部管理体系不断优化。

二、轨道交通企业财务风险管控有效性提升对策

轨道交通企业财务风险管理和控制通常包括事前、事中、事后这三个环节的风险管控，而由于轨道交通企业经营和管理内容较多，企业只有构建起良好的整体管控机制，才能为在细节处做好相关工作提供必要的支持和保障，进而对各个环节开展有效的财务风险管控。轨道交通企业财务风险整体管控能力建设主要有以下三个方面：

（一）加强风险管控基础能力建设

首先是制度方面，轨道交通企业应当加强制度建设，确保财务风险管控制度的完善性和有效性。一是要立足企业财务风险管控实际情况，并结合业内的先进做法，对财务风险管控制度进行动态梳理和完善，既要确保制度涵盖财务风险事前、事中和事

后各个环节，又要使制度适应企业发展形势；二是要强化制度执行，加强相关岗位员工学习财务风险管控相关规章制度和业务操作规程，要求在经营或管理过程中必须严格执行规范流程和财务风险内控制度。

其次是系统建设方面，轨道交通企业应当重视现代化系统在财务风险管控中的重要作用，并且要加大在系统建设上的投入，来构建现代化财务风险防控平台。在系统具体功能上，为了满足财务风险防控需要，系统应当提供表内外业务大部分明细数据，为财务风险管理提供全方位技术手段支持。同时系统还要提供大额资金进出实时监测、大额往来账业务授权控制、清算账户实时监控查询、资金调拨预警功能等，实现对大额资金变动以及资金变动账户的实时监控预警。

最后是要建立起财务风险报告制度，包括日常财务风险报告制度、重大财务风险事项报告、外部监管报告以及对外信息披露等，确保相关责任人及时了解企业财务风险水平及其管理情况。

（二）做好财务风险压力应对能力建设

对于轨道交通企业而言，由于其生产经营项目规模大、周期长，涉及的资金投入环节较多，因此，其财务风险所带来的压力往往具有较大的不确定性，且对轨道交通企业的持续应对能力带来了较大的考验，所以轨道交通企业要做好财务风险的管理与控制，应当定期做好财务风险压力测试工作，以发现和防范流动资金方面的风险隐患，这也是轨道交通企业财务风险管控的重要内容。财务风险压力测试的目的在于分析轨道交通企业在宏观调控、外部市场环境变化和内在经营压力下发生财务状况的不利变动时，能够承担风险冲击的能力。通过定量评估法确定轨道交通企业在意外情况下面临的财务风险的严重程度，深入分析企业自身抵御相关财务风险的能力，并切实形成供轨道交通企业决策层及上级主管部门讨论并实施的应对措施，从而有效预防和缓解该类风险带来的冲击。从目前很多轨道交通企业实际情况来看，要做好财务风险压力测试工作，首先要设立满足要求的流动性风险内部预警指标体系，轨道交通企业财务部门应当定期对特定情景事件、财务风险预警指标开展分析监测，及时分析其对企业生产经营的影响。其次要建立财务风险压力测算与分析框架，涵盖表内外所有业务，按季开展压力情景下现金流测算、应对能力测算、损益测算等，通过测算分析，有效计量、监测财务风险压力。最后形成完善的监测、分析与报告机制，包括匡算预测、业务部门申报制度、上报授权制度、实时监测制度、定期报告制度，以及定期演练制度等。

（三）完善财务风险管控组织架构

为了提升财务风险管控工作领导和组织的有序性，轨道交通企业应当建立起财务风险管理组织架构，并明确各层级在财务风险管控工作中的任务分工和职责边界，建立财务风险管控责任细化分布图,以及财务风险管控流程。此外,为切实增强相关责任主体对财务风险管控的意识,形成良好的财务风险管控管理工作氛围,轨道交通企业应当在全面梳理财务风险管控依据、流程、事项的基础上,及时组织相关职能部门人员,以及外部主要合作伙伴对财务风险管控思路和内部管理制度进行认真学习研究,帮助相关人员牢固树立财务风险管控意识。同时,和专业咨询公司、会计师事务所、审计师事务所以及上级主管部门持续保持沟通交流,积极争取相关指导和帮助。

综上所述,随着市场形势的不断变化,轨道交通企业所面临的财务风险也日趋复杂多变。轨道交通企业应当在准确把握自身财务风险形成因素的基础上,针对各类直接诱因不断寻找措施加以防范,并积极填补现有财务风险管理体系漏洞,通过构建起完善、有效的财务风险管理机制,促进企业财务管理活动更加正常有序进行。

第三节 房地产企业财务风险管理

财务风险是目前每一个房地产企业管理者需要面对的问题,财务风险的出现被视为企业危机爆发的潜在信号。在目前不断变化的经济环境中,政府宏观经济政策的变动、对房地产市场的宏观干预,都加剧了房地产企业的财务风险。本节通过对房地产企业财务风险管理现状和存在问题的分析,提出有针对性的解决对策。

一、房地产企业财务风险管理的意义

房地产行业是我国经济高速发展和运行中不可或缺的一部分。房地产行业的健康有序发展有助于我国国民经济的良好态势形成。房地产行业在产业结构高级化过程中扮演着重要角色:一是吸引了大量社会资源的涌入,包括资金、人力、土地等;二是房地产关联了建筑、机械、建材,甚至电器等诸多的上下游行业,产业链长,牵一发而动全身。房地产行业自身有着项目投资金额庞大、资金回收周期长的特性,导致了这个行业的高风险性。因此,采用正确的风险管理办法,降低风险发生的可能性和造成的影响,为企业创造最大的经济效益,对房地产企业应对财务风险就显得越来越重要了。

二、房地产企业的财务风险管理现状及存在的主要问题

我国房地产企业在近二十多年来快速发展起来,但在房地产市场繁荣发展的同时,对于财务风险管理重视不够,很多管理机制并不完善,企业把主要精力用于开拓市场,忽视了管理细节;对于资金的使用,也缺少有效的规划;对于建造中的成本管理更是

粗放式的，甚至为了在楼盘的竞拍中占得先机，一味竞价，没有考虑到企业的资金流是否可以支撑。目前即使有些房地产企业设立了风险管理委员会部门，但实际上缺少外部的监督，只是形式而已，在实质上并没有把风险管理意识落实到相关具体工作中。结合目前我国房地产企业财务风险管理的现状，分析其存在的主要问题如下：

（一）部分企业对财务风险重视程度低，财务人员专业素质有待提高

房地产企业将工作重心放在占领和开拓市场上，缺乏细致周密的财务预算制度，对于征地成本、资金的运作以及最终形成的经济效益这些财务问题重视不够，对于资金的管理只是停留在会计记账层面；对于成本的控制，资金使用的规划没有提到议事日程上来。此外，由于房地产企业中的财务管理人员在财务管理方面的专业知识有限，缺乏对管理知识和法律知识的认识，导致企业在面临财务风险时，不能及时找出应对的措施。房地产企业的核心管理层对财务管理的认识不足，专业水平亟待提高。

（二）随意举债，资产结构不合理

房地产企业为了抢占市场，盲目向银行贷款或者通过其他渠道融资，对资金的使用缺少有效的规划和管理，在贷款中又抵押资产。普遍存在资产负债率高、负债规模大的现象，企业偿债压力大，不利于企业的稳定运营和资金流的安全。

（三）风险抵御能力不足

房地产企业以利润为导向，一味追求高额利润，缺少长期的发展规划。对于生产经营可能遭遇的财务危机缺乏准备，将经营的成败全部放在项目的成败上，在遇到风险时，缺少抵御和分散风险的能力。

（四）盲目多元化伤害主营业务的盈利

部分房地产企业盲目扩张，试图通过多元化的经营分摊风险。但由于在进行投资前，对新进入的行业缺乏了解，大量资金和资源倾斜，多元化的经营造成的负担反而拖累本身主营业务的正常盈利。

（五）风险管理偏重形式

房地产企业近年来开始设置风险管理委员会等类似机构，但是风险管理以及控制部门流于形式，缺乏有效的外部监督。风险管理部门制定的内部控制规章制度难以落实，更多是以文件形式下发，但基层的执行情况无法保证。

三、进一步完善房地产企业财务风险管理的建议

（一）做好筹资活动、投资活动、营运资金和利益分配的管理

房地产开发企业应设置专门的筹资风险小组，明确职责，对资本结构进行分析，选择最佳资本结构，选择适当的筹资方式。建议采用债务筹资的方式，既可以弥补资

金的不足，又避免控制权的转移。对于不同期限的借款进行合理筹资组合，合理分配长期借款和短期借款的比例，既保证贷款的充裕，又避免大额利息费用的负担。同时制订符合企业自身经营状况的负债财务计划，确保负债规模处在健康范围。防止筹资过度或不足，确保资金的良性周转。房地产企业不应局限于银行借款，应广泛通过信托融资、债券融资、私募等渠道进行融资，降低利率波动产生的信贷风险。因此，房地产企业应注重融资创新，降低融资成本，拓宽融资渠道，借助非公开的股票发行融资，树立良好的信誉，如期偿还债款和利息费用，保证现金流的安全，有助于金融机构的放贷，同时应与银行建立良好的合作关系，对借款额度、借款期限等进行合理的设计，保障银行授信额度充足，满足企业各类短期融资的需求。

对日常资金的使用必须实施严格的监控，提高资金的使用效率，做好利润的分派规划。应制订资金使用计划，合理调度资金，实行严格的资金链监控机制，定期组织会议，密切监督企业资金状况，防止突发性事件对企业的冲击。为此企业应建立信用管理部门，因为房屋销售金额较大，必须对客户的资信、贷款能力做好调查和了解；明晰岗位职责，将销售回款的工作落实到各环节，做好应收账款账龄分析工作，对逾期的应收账款设置专人及时催收；同时完善对赊销款项的审批，对可能的坏账，必须进行严格审核，对账款无法收回的原因做出分析。

与此同时，还应建立合理的股利分配制度，使利润分派变得制度化和规范化。依据投资者的股权份额数量进行分配，超额利润的分配按照投资者对企业的贡献大小进行。

（二）建立和完善房地产企业风险管理体系

1. 应强化财务管理人员的风险管理意识，树立风险意识

房地产企业应提高企业财务人员的财务管理能力和应对风险的能力。企业要使财务人员清楚了解财务风险的不同表现形式，在经营中贯穿财务风险控制，让员工对财务风险能够有一个清晰的认识。对于决策层而言，应通过企业报表了解和掌握企业的经营现状和财务信息，变主观的随意性决策为科学决策，从而降低企业面临财务风险的可能性。

在投资准备期，由于房地产项目普遍所需资金较大，因此投资前必须了解市场用户的喜好和需求，对市场有准确的定位。由于房地产项目普遍所需资金较大，因此投资前必须进行投资可行性分析，切勿盲目投资，应聘请专业人员进行必要的市场调研，了解市场用户的喜好和需求，对楼市的政策变化、楼市价格、供需关系、销售情况进行分析，对市场有准确的定位。确定投资后，在保证质量的前提下，尽可能缩短建设周期，加速资金的周转。尽快实现项目的竣工，提高效率，降低建设期间可能发生的风险。

财务风险的预警是指依托信息化的基础，对房地产企业在经营管理活动中的各种

潜在财务风险进行实时的监督和预警的系统，通过一系列的科学数据模型及时发现潜在的风险可能，以此向企业的管理者提出警示。房地产受外部环境影响较大，只有建立有效的风险预警机制才能抵御风险。当企业出现财务风险的征兆时，及时发现并做出应对就能避免陷入财务危机。这个预警机制对企业财务运营进行全程监控和管理，及时做出管理上的各种调整，就能使财务风险控制在可以预测的范围内，避免财务危机进一步恶化产生更严重的后果，减小房地产企业因财务管理风险导致的损失。

因此，企业应适应市场的变化，调整房地产产品的结构，满足刚需；确保财务系统良好的运营，出现风险时，及时报警，将风险识别与风险管理有效结合。

2. 提高房地产企业对于政策和市场的应对能力

房地产行业作为影响国家经济健康发展的重要产业与国家宏观经济形势的变化息息相关。房地产企业应随着国家政策导向的变动做出及时正确的判断，做到准确预测行业和商品房市场的走向，响应国家对于楼市的各种管控政策。房地产企业应对市场的动向与政策的变化趋势做出及时准确的把握，灵活应对市场与国家政策的变化，制定最合理的财务策略，降低外部环境变动所带来的财务风险和市场波动带来的不利影响，在市场变化中积极创造收益。

第四节　建筑施工企业财务风险管理研究

改革开放以后，我国的建筑施工行业迎来了良好的发展契机，在我国近些年的发展过程中，建筑行业已经当之无愧地成了国民经济发展的主导产业。建筑施工企业在经营发展的过程中，具有明显的特点，如资金需求量大、企业负债率较高等，这些特性使得建筑施工企业的财务管理工作经常处于风险环境之中。建筑施工企业常见的财务风险类型主要有因对财务风险管理重视不足而产生的资金管理风险以及因企业负债过高而产生的成本控制风险等。故此，在建筑施工企业中实施良好的财务风险管理工作是十分必要的。基于这一要求，本节从我国的建筑施工企业现状出发，分析财务风险管理的意义以及对建筑施工企业所具有的作用，找出存在于建筑施工企业财务管理进程中的风险，并针对性地给出相应的解决策略。

近些年来，我国的建筑施工企业数量剧增，市场环境的变化使得建筑施工企业所承受的内部压力变大。同时，由于经济全球化时代的到来，建筑施工企业还承受着一定程度的外部冲击。这两种阻力的存在使得建筑施工企业的生存步履维艰，笔者以建筑施工企业实施财务风险管理视角出发，论述基于财务风险管理视域下的建筑施工企业增加核心竞争力的方式，以期通过良好的财务风险管理助力建筑施工企业的发展，进而推进我国经济建设工作。

财务风险管理工作是企业内部整体风险管理的一个分支，通常被设立在财务管理或风险管理下辖的部门之中。财务风险管理主要是结合企业以及市场的现状，对可能导致企业发生财务风险的各种因素进行分析、识别和风险定量分析，从而开展有效的风险规避策略。财务风险管理的主要职能是预防风险，最大限度地保证企业的财务安全，进而为企业的日常生产经营创造一个良好的内部环境，助推企业的健康，保障企业的可持续发展。在美国风险管理学家格里森所著的《财务风险管理》中，把财务风险管理概括为三个方面。其一，对企业可能发生的所有风险进行精准的预测。其二，建立针对企业经营范围内的风险评估机制。其三，在企业内部建立专职财务风险管理的部门，控制风险发生的概率，减少财务风险带来的损失。

一、建筑施工企业财务风险管理过程中存在的问题

缺乏对财务风险管理的重视。在建筑施工企业财务风险管理过程中，对财务风险管理重视不足是较为严重的问题。我国目前的建筑施工企业对财务风险管理所具有的重要意义认识不足，致使企业对于资金的管控力度不足，缺少对资金流向的监控体系。资金在收入与支出过程中，可能会受到利率变动、物价变动、政策变动、不可抗力等因素的影响，出现一定的风险隐患。同时，在财务风险管理工作开展的过程中缺乏制度性的保障。整个企业的财务风险管理工作流于形式，难以取得实际的效果。

负债过高引起的成本控制风险。在建筑施工企业生产经营的过程中，由于企业发展所需的现金流不足，企业产生大量的负债，极大地增加了建筑施工企业发生成本控制风险的概率。我国国内的银行目前大多实施的信贷业务紧缩策略导致许多建筑施工企业为了保证企业能够正常运转，将获取资金的渠道改变为依靠各种新机构以及融资公司。而信托机构和融资公司的融资基准利率上浮可达30%，高额的融资负担导致建筑施工企业开展成本控制工作的难度增加，对建筑施工企业整体的财务风险管理工作的开展也有一定程度的影响。

缺少有效的财务风险控制机制。从我国目前的建筑施工企业财务风险管理现状来看，普遍缺少有效的财务风险控制机制。在财务风险管理过程中，风控机制的建设具有非凡的意义。然而，许多建筑施工企业为了减少内部管理工作所产生的资金消耗，疏于对风控机制的建设工作，导致企业在遇到突发财务问题时缺少有效的应急措施，难以及时做出正确的决策，给企业财务风险管理工作的开展带来了巨大的困难。

二、建筑施工企业财务风险管理问题的对策

加强企业对财务风险管理的重视。为了保证建筑施工企业财务风险管理工作能取得良好的效果，企业首先要加强对财务风险管理的重视。企业要通过制定相关制度或

要求，为财务风险管理过程中的资金风险管理工作营造良好的内部环境，建立企业资金流向监督体系，采用集中控管的模式，设立企业资金管理总控中心，并在其下分设资金审批、流向监控、会计管理等分部，进而提升企业的资金安全。同时，企业还要招募或培养专业性较高的人才，专职进行企业财务风险管理工作，保证企业财务风险管理工作开展方向的正确性与管理手段的先进性。

减少融资负担，做好成本控制。为了减少企业的融资负担，进而达到有效规避成本控制风险的目的，建筑施工企业要做出良好的成本控制规划。首先，企业要通过实施有效的预算管理来提升资金的利用效率，保证企业资金充足，减少需要融资的情况。其次，企业要不断拓宽融资渠道、树立企业信贷信用，降低融资带来的资金损耗，提升成本控制工作的成效。

建立有效的财务风险控制机制。在建筑施工企业财务风险管理的进程中，建立有效的财务风险控制机制是一项十分重要的工作，要引起企业足够的重视。首先，企业要抽调专业的人员成立财务风险控制工作小组，保证风控工作人员的专业性。其次，企业要积极借鉴国外先进的风控机制，结合企业自身的实际情况，制定出适用性高的风险控制机制，保证风控机制能最大限度地为企业提供服务。最后，企业要对风险控制中的各个部分进行精细化的梳理，对每个环节都进行精准的职能定位，将责任落到实处，从而保证风险控制机制能够发挥出其应有的效用。

第五节　如何加强石油企业财务风险管理

石油企业财务风险在激烈的市场竞争中是客观存在的，要正确认识并分析财务风险，明确财务风险产生的主要原因，建立起针对性的风险控制机制，加大风险防范力度，提高石油企业的财务管理水平，促进石油行业的可持续发展。

石油企业在我国经济建设中占据重要地位，为我国经济发展提供充足的能源资源支持，关系着整个国家的经济发展。石油企业的财务管理对石油企业发展和创新有着十分重要的影响，良好的财务管理工作有利于促进企业的结构升级和持续发展。石油企业的财务风险是企业经营活动风险的集中体现，相对于其他企业来说，石油企业是一种能源资源企业，具有一定的特殊性。加强企业财务风险管理，可以有效提升企业的竞争力，使得企业在激烈的市场竞争中获得长远发展。

一、石油企业财务风险的主要成因

融资方法单一。目前我国仍然没有建立起系统全面的融资模式，银行贷款仍然是很多企业首选的融资手段，对于石油行业来说，一般也是通过银行贷款进行融资的，融资手法单一，容易导致财务风险的出现，影响石油企业正常的生产经营活动。单一的融资模式极大地增加了企业的财务风险，一旦出现市场波动，会导致企业背负巨大债务，给企业的发展带来极大的阻碍，导致石油企业运营成本和运营风险不断加大，如果出现企业资金链问题，单一的融资方法必然会对企业经营产生十分严重的影响，甚至会造成企业破产。

信息化管理水平低下。随着科学技术的不断发展，尤其是计算机技术的不断发展，在各行各业中已经普遍应用计算机技术进行企业运营和管理工作。与其他行业相比，石油企业财务管理信息化水平较低，虽然企业相关领导人员已经认识到信息化财务管理的重要意义，但由于石油企业信息筛选难度较大，财务信息更新慢，信息化管理效率低下，影响现代化管理手段在财政管理中的实施，不利于企业的良好运营，给企业发展带来一定的财务风险。

缺乏内控机制和风险管理。很多石油企业内部缺乏相应的管理制度，执行力度不够，在资金使用管理、利益分配等方面存在权利不明、职责不清的情况。企业内部审计制度不健全，缺乏有效的责任追究制度，也给企业的正常经营带来较大的财务风险。企业相关管理人员没有重视起财务风险的重大危害，对财务风险管理的认识不到位，导致财政活动行为不准确、不真实，人为因素干扰较大，存在人为制造财务风险的情况。相关财务人员对财务风险防范的意识较薄弱，对国家法律法规的变化敏感性不足，缺乏应对变化所造成的财务风险的能力，也会造成石油企业财务风险问题的加重。

缺乏有效的管理和监督体制。在石油企业生产经营活动中，良好的监管制度是保证石油企业能够顺利运营的关键，但从目前来看，石油企业存在严重的监管问题，没有建立起行之有效的监督管理制度，管理流程不严谨，管理责任不清晰，有的财务管理环节形同虚设，影响财务管理作用的发挥，企业融资和资本运作过程中存在较大的风险，影响企业资金的安全性和资金的合理使用，导致企业在投资、筹资、资金运作等方面常常出现问题。这些问题不能得到及时有效的解决就会干扰到石油企业财务管理工作的正常进行。当前我国石油企业普遍实行集中式的财务管理模式，这种管理模式容易造成下层企业资金管理弱化，从而引起权责不明、利润分配管理混乱、资金使用效率和完整性差等问题。因此必须要加强财务管理体制和监督体制的建立健全，为企业财务工作提供专业的制度支持。

资本运作模式落后。石油企业在经营过程中必须要有大量的资金才能保证企业后期的正常运作，但由于石油企业资本运作形式严重僵化，影响后期投资目标的实现。某些石油企业财政管理人员没有严格按照项目报审流程进行财务管理，影响企业资金的使用效率，导致企业资金链断裂，资金运营和资金运作不合理，给企业发展带来较大的财务风险。

二、提高石油企业财务风险管理的对策

做好企业内控制度的建设。要想提高石油企业财务风险管理质量,首先要建立健全企业内部财务风险管理控制体系,做好企业财务风险的事前预测、事中控制以及事后管理工作。将企业的财务与实际经营和发展目的相结合,抓好有效控制点,严密监控企业生产经营活动中财务风险多发的环节,设置针对风险隐患的风险控制点,做好风险预警分析、反馈处理等工作。通过有效的内部管理制度控制风险,降低风险,保证企业健康有序地发展。同时,还要根据企业现有的风险问题,建立起财务风险预警系统,明确企业各项财务指标的风险参数,对企业发展过程中的风险问题进行有效评估,从而为企业相关决策者提供专业科学的数据支持。运用预测模型预测企业的财务风险,制定出针对性的预警策略,从而加强企业财务管理工作,促进石油企业的良好发展。

实现财务信息化管理。石油企业财务管理人员要充分发挥信息技术的重要作用,实现财务管理和业务管理的一体化,促进企业资金的集中管理和监督控制工作,避免各种财务风险。要大力完善企业财务信息管理制度,实现企业财务信息共享和集中核算,减少业务流程中人为因素对财务信息管理的影响,加强企业财务信息管理的安全性和可靠性,达到强化监督、规避风险的目的。目前,中国石化集团正在大力推广构建财务共享服务中心,逐步实现财务信息化管理。

改善资本运作模式。石油企业属于技术密集型和资金密集型企业,具有高回报、高风险、高投入的特点。所以,石油企业应该更加重视企业内部的资金管理工作,规范企业资金运营制度和资金运作模式。石油企业在发展过程中面临的生产经营风险较大,比如石油产品价格、勘测效果、市场占有率的改变以及国内外政治因素的影响等,都会给石油生产经营活动带来较大的风险。所以石油企业在进行投资和资金分配时,一定要对现有的市场环境和自身的情况进行充分了解,利用科学的分析手段和专业的财务管理模式进行慎重决策,促进企业的可持续发展。同时,企业要尽可能地丰富筹资模式,改善以往单一的融资手段,提高企业财务风险应对能力,充分提高企业资金的使用效率。

建立健全财务管理监督机制。在企业财务风险防范过程中,有效的财务管理监督机制能够保障各种财务活动的安全性和合理性。建立有效的财务责任制度,企业财务人员要明确自身的职责和工作任务,提高企业财务人员的责任感和工作效率,减少工作失误,一旦发生问题也能够追溯到人。此外,还需要不断加强监督人员的职业素养,充分发挥监督管理人员的职责,提升财务管理水平,有效发挥监督管理机制作用,避免财务违规违法行为和徇私舞弊行为,保证管理的有效性。

综上所述，与其他行业相比，石油企业具有运营风险高、投资回报慢等特点。长期以来，由于我国石油企业财务管理的僵化和相关财务管理制度的不合理，石油企业存在较大的财务管理风险，严重制约着石油企业的发展。本节笔者对石油企业面临的主要财务风险进行了原因分析，有针对性地提出了提高企业财务管理的对策，希望为企业财务管理工作和风险控制工作提供一定的参考。

第六节　客运企业的财务风险及管理

随着我国市场经济的不断发展，交通行业在市场经济中也占据着越来越重要的位置。本节主要探讨客运企业的财务风险及管理对策，希望为今后的客运企业风险防范工作提供可行的参考。

自改革开放以来，我国的科技和经济水平都得到了不断的提升，交通运输行业也发展到一定的高度，本节以客运行业为例进行阐述。客运行业本身存在一定的经营和运行方面的劣势，为了进一步推动客运企业的发展，客运企业需要对财务风险进行科学评估，并采取相应的管理措施，来确保客运企业的健康发展。

一、客运企业的财务风险

（一）资本在运作过程中的风险

客运企业的资本在运作的过程中存在着较大的风险。通常情况下，当客运企业的运营资金使用的是权益资金时，就相当于该企业不存在财务风险。而企业负债的过程是一个消耗成本的过程，如果企业在接下来的运行中无法做到合理的运行，将会引发本金以及利润无法偿还的情况，这就使企业存在着较大的财务风险。随着各大客运企业之间的竞争越来越激烈，客运企业的运营成本一直处于居高不下的状态，甚至还有着上涨的趋势，客运企业长时间处于这种负债经营的趋势，就会面临停线运行的局面。所以企业在资本运作的过程中若不加以管控就会陷入风险之中。

（二）客运企业在投资上的风险

在当前这种客运企业之间竞争相当严峻的环境下，垄断的投资模式会限制客运行业的发展，而任何投资者对项目进行投资的目的都是获得更高的利润，当然，客运企业也不例外。投资者所投资的项目不会在短时间内收益，在投资的过程中会有很多变动，在这个过程中客运企业若缺少科学性的理财依据，就会给客运企业造成较大的财务风险。企业应当在投资方面认清其存在的风险因素。

（三）客运企业的财产风险

客运企业在运营的过程中也存在着诸多的财务风险，比如企业为了提升自身竞争力必然要引进新时代的车辆，所以运营中的车辆有可能要提前报废即出现贬值，以及需要维修的车辆或设备也是如此。随着时代的不断发展，这些具有定值的资产在很大程度上面临着贬值的风险，会给客运企业造成定量的财产损失。

（四）客运企业在内部财产管理上的风险

企业中的财务管理人员操作过程中存在着不规范的现象，或者是做出了错误的决策，这些都在很大程度上给企业造成了财务上的风险，该风险是我国客运企业的管理中广泛存在的一种风险。此外，财务客运企业的财务管理制度存在一定的不完善性和不合理性，再加上部门客运企业缺少对财务工作的系统化管理，致使财务管理数据和信息的统计工作存在一定的不合理性和不规范性。

（五）客运企业在债务防范机制中存在的风险

客运企业在债务防范机制中存在的风险指的是部分客运企业不能认识到自身债务防范机制中存在的不足之处，具体指的是客运企业对企业有效资金缺少专业的评估，且没有对企业的债务偿还能力进行深入考核，容易出现债务亏损的现象。

（六）客运企业存在着信用风险

客运企业中主要存在的信用风险就是违约风险。这种风险也被称为道德风险，经常有一些欺诈者，他们的行为给企业的财务带来了较大的风险，进而导致客运企业在向银行或其他社会金融机构借贷时，出现不良影响。

二、客运企业财务风险的管理对策

（一）资本在运作过程中的风险的对策

客运企业在进行财务风险管理的过程中，首先应当做的工作就是找出适合自身发展的方法。将企业与质量的关系进行协调处理。具体的做法就是将市场的实际需求作为客运企业的出发点，将企业的发展与城市的发展有机地结合在一起。客运企业应当制定出具有自身特色的服务活动，从自身的实际情况出发，找出自身的优势，做出自己的品牌，客运企业应当合理地利用资金，提高企业自身的管理水平，以此来降低风险的投资。

（二）客运企业在投资上的风险的对策

客运企业在做好客运运营的前提下，应当充分利用政府所给予的相关政策，来降低客运企业财务的风险。客运企业应当打破传统的思维方式，在投资方法上进行不断的创新，采用融资等手段进行资金的筹集，以政府支持、银行贷款、承包等方式进行资金的筹集。与此同时，客运企业还可以充分应用自身的优势来降低资金的投入成本，如发展规模较大、发展时间较为久远等，以此来降低企业的财务风险，让企业在竞争中健康成长。

（三）客运企业的财产风险的对策

为了有效控制客运企业的财务风险，应当详细预算出企业的成本支出，制定出详细的企业预算编制标准，并将企业财务管理上的问题划分出几个等级，制定出合理的资金支出流程，使资金的支出计划具有较强的逻辑性、合理性、有效性。在这个过程中，客运企业还应当加强对资金使用效益的考核，对资金的去向进行详细了解，从根源处对财务的风险进行控制。

（四）客运企业在内部财产管理上的风险的对策

人是企业发展的动力，也是企业发展的根本，因此，客运公司要想实现对财务风险的有效控制，就应当增强财务管理人员的综合素质，对财务管理人员进行定期的培训并考核，使他们充分掌握财务管理的专业知识，使自身的知识体系得到不断的提升。客运企业还应当制定适当的奖罚措施，将责任落实到个人工作中，提高客运企业财务管理人员的工作积极性，使资金的安全得到保障，让客运企业得到长足稳定的发展。

（五）客运企业在债务防范机制中存在的风险的对策

客运企业应当建立完善的债务防范机制，要从企业自身出发，明确企业所能承受的债务范围。与此同时，企业的财务管理人员应当将外部的扩张范围与企业内部的发展情况结合在一起，科学合理地进行借贷，尽量规避风险，降低客运企业的财务风险。想要对财务风险进行有效的管理，就应要求客运企业结合自身的实际情况，增强企业自身的风险意识。正确理解当前的利益与未来发展之间的关系，相关的财务管理人员应当做好相关的项目评估工作。将眼光放长远，最大限度地提高资金的使用效率，提高客运企业整体的核心竞争力，从根本上降低客运企业的财务风险。

（六）客运企业存在着信用风险的对策

客运公司相应的财务管理部门应当完善风险防控制度，与此同时，财务管理人员还应当将企业的财务水平进行详细的考虑，加强对贷款的预算管理。客运企业在进行预算管理的过程中，应当综合考虑资金的来源，并且进行综合的预算。在对贷款的投资管理过程中，应当考虑到市场经济的实际需要，并从实际情况出发，加强基础设施的建设，对资金的使用以及借贷进行周密的计划，降低客运企业的财务风险。

综上所述，客运企业若想有效控制财务风险，首先要做的就是将这项工作加以重视，既应当考虑到财务风险所带来的利益，还要考虑财务风险所带来的隐患。将财务风险控制在客运企业所能承受的范围之内，做到"防患于未然"，真正实现企业对财务风险的自我管理。

第七节 出版企业财务风险管理

随着社会的发展，移动设备已经成为了人们的日常生活用品，很多功能都可以在移动设备上实现，导致一些传统的企业受到巨大的冲击，其中出版企业就是如此。因此，出版企业必须对自身的管理进行优化，增强自身的竞争力，才能与移动设备分庭抗礼，在这个过程中，出版企业财务风险管理是非常重要的环节，本节主要对此进行分析，希望给相关从业者提供一定的参考。

一、出版企业财务风险管理的意义

随着新媒体的出现与发展，以网络以及移动设备为主的新媒体出版社有了极大的发展机遇，出版业竞争越发激烈，一旦企业盈利出现问题，企业运行就会陷入困难，因此当前出版企业为了获得更多的发展空间，在财务风险管理方面非常重视。出版业财务风险主要是指企业财务活动中的风险因素，如资金在筹集、流通和分配过程中，如果没有形成全面的监督和管理制度，在利益获取的过程中就会疏于对财务风险的管理，造成财务风险扩大，最终酿成不可弥补的危机。只有做好财务风险管理，才能保证出版企业获取更多的利润，从而得到更好的发展机会，因此，当前的出版业才会对财务风险管理投入过多的关注。

二、出版企业财务风险管理存在的问题

（一）出版企业缺乏财务风险预警机制

财务风险管理主要是针对财务中出现的风险进行设置，但是在当前的出版企业的财务工作中，财务风险预警机制缺乏，随着时代的变化，传统出版媒体逐渐受到限制，这就造成了财务风险与以往相比也更加复杂，但是在很多的财务工作中，依旧没有形成足够的财务风险预警机制，很多预警都是针对以前遇到过的风险，财务风险管理部门在风险预估上没有结合市场去做，导致了很多财务风险预警无法适应当前的时代，财务风险管理无法对发生的风险做出及时的预警，无法及时对风险进行控制，使出版企业受到一定的损失。同时出版企业财务风险预警模式过于单一，在预估的过程中，很多时候不够全面，在后期对风险进行控制的时候，由于缺乏足够的预警，预估往往没有针对性，因此风险排查工作效果也较差，对出版企业的风险管理工作推进不利。

（二）内控制度缺乏，财务风险管理意识淡薄

出版企业当前面临着前所未有的竞争，因此想要提升自身的竞争能力，需要加强出版企业内部控制制度，但是在具体的实施过程中，很多企业缺乏内控制度，在内部控制的过程中，往往只限于财务部门，无法对公司全体进行控制，这才导致内部控制无法达到高效全面的程度。财务风险管理是需要内部控制进行配合的，但是当前出版企业内部控制制度无法满足财务风险管理，财务风险管理意识淡薄，随着我国市场化建设的不断深入，当前市场情况已经发生了非常大的变化。出版企业由于模式较为固定，并且国内的市场较为成熟，因此暂时受到的冲击较小，但是随着当前电子媒体的出现、普及，传统出版企业如果不进行改变，在当前的国内市场中，必然会受到极大的打击。

（三）投资与资金回笼缺乏足够的风险预估

为了能够增加自身的收入，出版企业会进行一定的投资，但是在投资的过程中，由于投资风险的主要来源是投资业务实际收益与预期收益之间存在差异，一旦没有做好调研，最终实际收益会与预期相差甚远，出版企业很多后续工作是建立在预期之上的，一旦出现偏差，对后续工作的打击是非常大的。另外在出版企业投资的过程中，市场往往变化多端，很多投资在资金回笼方面存在延迟的情况，尤其是在一些风险较大的行业进行投资时，一旦出现风险，投资收益就会大幅缩水，严重的甚至会对出版业运转造成影响，这也是当前出版企业较少涉足投资的主要原因。

（四）出版企业财务人员素质不足

财务工作是知识更新较快的一个工作，因此从业人员需要不断了解最新的财务知识，不断完善自身的财务知识体系，这样才能满足工作需要，尤其是随着我国社会主义市场经济的不断深入，财务面临的问题越来越多，但是很多的财务工作人员在面对财务问题的时候，由于知识储备较为落后，对很多财务风险管理方面的问题都难以达到要求，最终企业财务风险管理工作陷入困难，阻碍了企业的发展。

三、财务风险管理工作中存在的问题的对策

（一）构建完善的财务风险预警机制

财务风险的成因较多，因此在分析的过程中，应该综合进行考虑，所以在建立财务风险预警机制的时候，需要从多方面进行机制的构建，这样才能有效增强出版企业抵御风险的能力。因此，在财务风险预警机制的建立中，首先应该引入财务风险预估模型，并且根据企业运行的经验以及市面上对财务风险的应对方式对模型进行修订，让财务风险预估模型能够符合当前财务工作的需求，在风险形成之前对其做出准确的

预测。其次就是增强技术手段，财务风险管理人员在面对财务风险的时候，可以采取更多的方式对财务风险管理方式进行优化，例如使用风险分解，风险转移等策略，降低甚至消除财务风险负面的作用。最后则是需要财务风险预警部门对市场保持长期的关注，对出版企业实际面临的情况及时了解，并且根据实际情况对财务风险预警系统进行优化。只有这样，才能保证出版企业财务风险管理的效率，让出版企业财务风险得到及时控制。

（二）强化内控制度建设，树立财务风险管理意识

出版企业需要对自身的管理方式进行优化，很多出版企业建立的时间较长，同时在长期的发展过程中，相较于其他的企业受到的竞争较少，这样的情况造成了出版企业在内部控制方面是较为缺乏的。因此出版企业想要对财务风险进行管理，必须先增强自身的内部控制体系建设，让内部控制不再局限于财务部门，以此为基础积极推动财务风险预警机制，并让其成为企业文化的一部分，这样财务风险的管理就会渗透在出版企业的方方面面。同时在财务管理流程方面，可以选用企业内部优秀财务管理工作者进行管理，也可以从外部聘请高素质人才，确保财务管理工作能够顺利实施，同时在企业内部进行新技术的普及运用，增强内部控制硬件设施，同时增强企业财务风险管理水平，促进企业财务风险管理工作的优化，建立起风险管理体系。

（三）加强资金回收以及投资风险评估

投资是当前很多出版企业创收的手段之一，在投资的过程中，如何确保自身的资金回收能够符合标准，主要的方式就是将风险评估体系引入投资过程中。在投资之前，需要对被投资用户进行信用评估，并且按照信用级别进行界定。对不同级别的用户投资额度也是不同的，并且财务部门需要及时对对方的财务信息进行审核，以此建立一个全面的风险信息，并针对风险信息进行分析，从而得出其中资金回收的风险，以风险评估结果进行投资工作。最后，企业在签订合同的过程中，也应该将一些法律条款附加在合同中，以此保证自身的利益，在出现风险的时候，及时从法律层面对自身的权益进行维护，保证自身的回款安全。

（四）提升财务人员的业务素质

财务管理人员的水平对财务风险管理工作有着非常强的影响，因此需要在出版企业内部加强对财务人才队伍的建设，加大员工的培养力度，让员工能够更加准确且及时应对财务中出现的风险，并且在这个基础上，优秀的财务工作人员还能够对企业财务中存在的问题进行优化。除此之外，在员工入职的时候，应该加强对财务工作人员专业方面的考核，入职之后，定期对员工进行培训，并且建立内部交流，促进员工业务素质的提升。最后则是加强奖惩机制以及晋升渠道建设，增强员工的积极性，以此促进工作的开展，保证出版企业财务工作的提升与发展。

综上所述，出版企业陷入危机，一方面是当前社会的发展，另一方面则是自身管理方面的缺乏。因此想要解决危机，必须对上述两种情况进行改变，社会的发展企业是无法改变的，因此企业只能从自身管理方面着手，其中对财务风险的管理就是属于企业管理方面的内容，只有强化企业管理，才能适应社会的发展，从而保证自身不被社会淘汰。

第八节 天然气行业企业财务风险管理

如今，人们的生活和工作对天然气的需求与日俱增，给天然气企业的快速发展带来可能，同时伴随着发展机遇而来的是挑战，如何在激烈的市场中增强综合竞争力是各大天然气企业思考的重要课题，而强化企业内部财务风险管理则是不错的选择，亦是推动天然气企业长远可持续发展的途径，应引起企业的高度重视并采取措施。

随着天然气行业的兴盛，涌现出大批天然气企业，如新奥燃气、百江燃气、贵州燃气等规模较大的天然气上市企业都要在竞争激烈的市场中抢占份额，进一步加剧了天然气市场的竞争。为了最大限度保障自身长远发展的利益，加强内部财务管理，有效规避财务风险来增加外部竞争力成为天然气企业的有效途径。

一、天然气行业企业内部存在的具体财务风险

市场环境关注度不够，财务风险意识有待增强。天然气行业的发展受外部环境因素影响较大，集中表现在三方面：首先自我国加入WTO后，自身原有的贸易保护壁垒被彻底打破，与国际接轨后，受到了国际市场上天然气供需与价格波动的影响，加上大量海外天然气巨头的涌入，给国内天然气企业的长远可持续发展带来巨大影响，促使成本上升，财务风险增加；其次天然气属于前期投资大、资金回报周期长的行业，由于无法按时归还银行贷款，导致其存在一定的信贷危机，银行能收回对天然气企业的相关贷款，或是直接调高贷款利率，从而增加天然气企业的融资成本；最后，天然气企业与其他产品建立了较为健全的产品供应链，然而在国家政策的影响下，上下游产品市场价格起伏波动也会无形中增加天然气企业自身的财务风险。同时，有一些天然气企业在利益的驱动下，缺乏相应的财务风险意识，没能结合市场和自身实际建立相应的风险预警机制，增加了财务风险出现的可能性，如只注重天然气市场的开发，对合作单位进行的尽职调查停留在表面，走形式，缺乏深层次法律尽职调查，则可能出现合作经营风险。

缺乏健全的财务管理制度，财务风险控制力度有所欠缺。就目前天然气企业面临

的财务风险来源而言，除了外部市场环境外，自身内部因素也不少。第一，由于财务风险意识的缺乏，很多天然气企业没有相对健全的财务管理制度，特别是在预算方面，有的企业缺少预算这一重要环节，或是存在预算的科学性和准确性有待提高的问题，使得投入与回报不相符，影响企业的经营利润。第二，天然气企业多会涉及开采、输配气、销售等系列环节，需要进行动态系统的监控，以控制成本，但现实中的成本控制远远不足，财务管理制度流于表面，财务风险控制力度不足，影响了对财务风险的良好管控，导致财务风险内控低效。第三，企业资本结构不尽合理，利润分配不够科学，盲目扩张投资，都会严重影响自身资金的使用，引发较大的财务风险与危机，加之一些天然气企业对现金流管理不够重视，致使应收账款比例越来越大，埋下了严重的现金流风险，逐渐将企业推向危险，甚至破产的边缘，给整个企业的发展造成巨大的经济损失。

财务人员素质有待提升，财务风险管理手段落后。众所周知，财务风险伴随着财务活动客观存在，意味着只要有财务活动就势必存在着财务风险，然而不少天然气企业的财务人员风险意识淡薄，财务风险敏感度不够，且坚持固守自己的"一亩三分田"，缺乏与其他部门和财务管理人员财务信息的共享交流，难以及时防范财务风险。加之，企业缺少对财务人员专业技能和综合素质的培养，一些财务人员对自身成长与发展没有明确目标，导致财务人员很大程度上以满足现有工作为出发点，而没有钻研与本行业有关的特殊业务以及具有行业特性的处理模式。这样在财务风险方面敏感性不足，直接导致企业财务风险管理意识不强，管理手段落后，严重制约了财务风险管理的效率和质量，从而影响天然气企业的长远发展。

二、加强天然气行业企业财务风险管理防范的建议

提高对市场环境的关注，健全财务风险预警机制。天然气行业的发展与市场环境息息相关，尤其是天然气的开发和销售都受到政策、政治、经济、政府、军事等因素的影响，为此必须引起高度重视。天然气企业领导层应当组织建立专门的市场管理部门团队，重点负责研究天然气市场内外部环境，利用现代管理手段和信息技术，加强对市场环境信息数据的收集、整理、分析，预测天然气市场的发展趋势，及时调整企业的开采、管理、销售计划，最大化满足市场供需。

首先，要提高对国外天然气供需与价格信息的高度关注，结合国内外市场趋势提前做好应对准备，避免被打个措手不及，削弱市场份额，影响自身的利润收入，诱发财务风险。同时要积极分析海外天然气巨头的优势，汲取更多的经验教训，提升自身的风险抵抗能力。其次，为了降低自身的融资成本，进行投资时一定要坚持不要将鸡蛋放在同一个篮子的信念，留有充足的周转资金，并时刻关注政府新的政策法规以及

银行的政策、利率调整等信息，避免出现高成本融资情况，增加财务风险。最后，在进行各种市场环境信息收集、整理、分析时，不能忽略企业上下游产品市场的各种信息，及时协商调整，做好万全的准备，避免因上下游产品市场价格波动影响自身的正常运作。

当然为了有效地防范财务风险，还可以结合外部市场环境和企业内部实际健全完善财务风险预警机制，加大对天然气相关信息数据的收集、管理，为天然气企业各项财务管理活动的有序开展提供理论依据。同时，财务风险预警机制要始终贯穿整个财务管理工作，坚持以全面、准确的信息数据为依据，对企业经营活动进行实时、动态跟踪观察，以便及时发现财务管理活动中潜藏的风险，并对其进行科学合理的预测与评估，提出行之有效的预防对策，降低对整个企业发展的影响。

加快财务管理制度建设，加大风险控制力度。第一，在现代管理理念的指导下，在财务管理中要始终坚持以预算管理为主，确保天然气企业的预算独立，在客观真实的原则下，以企业经营实际数据资料为依据制订科学合理的预算计划，并健全相应的监督管理机制，对财务预算执行进行全程监督考察，确保资金划拨、审批、支出等都符合预算计划，以便加强对财务风险的防范，避免不合法、不合规行为给企业带来巨大的财务风险，甚至走向破产，如美国安然公司破产的一大原因就是通过财务舞弊、作假虚增利润，利用财务制度漏洞增加财务风险。尤其是针对企业的投资项目，要就项目周期、回报率、存在的风险等各个因素进行全面综合考虑，尽可能做到回报高于投入，以增加企业的利润，避免因资金链断裂而出现财务风险。第二，在天然气企业中成本控制也是不可或缺的重要环节，加强与企业预算的有机结合，对各个环节分步骤地进行成本费用控制，并逐步完善成本控制制度，有效减少不必要的成本支出，让成本控制管理更加规范科学，以降低成本费用的支出，加大财务风险控制力度。第三，要提高对企业资金管理的重视，优化内部资本结构，积极吸收银行信贷资金，灵活调整信贷结构和收益分配，做好现金流风险的防范，在科学预算编制的指导下谨慎投资，避免盲目扩张投资行为的出现，最大化保障企业资金处于健康状态，以维持天然气企业的良好运行。与此同时，还要完善财务管理考核评估制度，具体落实到财务管理内部各个方面，确保企业在经营能力、发展能力、盈利能力和还债能力方面较强，让财务管理工作更加精细化、规范化、科学化，加大财务风险控制力度。

引入财务信息化管理手段，建立高素质的财务管理队伍。天然气企业领导层应尽快建立一支高素质、强专业的财务管理队伍，以便结合企业经营目标科学合理地进行成本费用和利润预算控制，以完善的财务报表为企业决策提供有价值的信息依据。在选聘财务人员时，要加强对财务人员专业技能、综合素质的考察，并根据他们自身的能力提供合适的财务岗位，最大限度发挥他们的财务管理职能，有效防范财务风险。同时，在岗人员还要定期组织专业技能培训学习，积极鼓励财务人员学习最新的财务会计政策知识，并结合内外部环境改善财务风险管理方法，更新自身的财务知识体系，掌握更多更全面的动态财务信息，做好企业各个业务的财务管理工作。当然为了第一时间发现财务风险，财务应对之策，还需要引进先进的信息化管理手段，对天然气的开采、运输、销售等各个环节业务活动进行动态跟踪管理。借助计算机平台建立财务信息共享管理系统，实现天然气各个业务与财务管理的有机结合，加强整个企业信息的共享，以便提高财务风险管理效率。

综上所述，随着天然气行业企业市场竞争的日趋激烈，为了拓展市场份额，确保自身可持续发展，增强财务在企业运营中的重要支撑作用，天然气企业加强财务风险管理势在必行，从外部环境、内部制度、财务人员等方面着手，进一步提高财务风险管控能力，夯实企业实力，推动企业发展。

参考文献

[1] 高祚. 互联网金融时代我国商业银行金融创新发展策略研究[D]. 吉林财经大学, 2016.

[2] 成媛. 基于EVA的传统杜邦财务体系新构建及实证研究[D]. 西华大学, 2014.

[3] 夏凌. 基于杜邦财务分析体系的W股份公司盈利能力研究[J]. 云南师范大学, 2014.

[4] 魏海泉. 杜邦分析体系在房地产企业中的应用研究[D]. 山东财经大学, 2014.

[5] 韩莹. 基于杜邦分析法的我国上市商业银行盈利能力分析[D]. 山西财经大学, 2013.

[6] 刘文霞. 企业营运资金质量管理问题研究[D]. 延安大学, 2010.

[7] 张拓. 营运资金管理绩效对盈利能力的影响[D]. 新疆财经大学, 2011.

[8] 张陆园. JL铜业有限公司存货管理研究[D]. 安徽大学, 2017.

[9] 何晓方. Z公司存货管理问题与对策研究[D]. 天津财经大学, 2016.

[10] 王思卉. J医药公司存货管理的内部控制问题研究[D]. 南京大学, 2016.

[11] 陈晓铖. 我国金融企业人力资源成本管理研究[D]. 苏州大学, 2011.

[12] 刘兴波著. 金融经济危机视野下的美国资本主义变革问题研究[M]. 济南: 山东大学出版社, 2012.

[13] 刘红. 基于企业社会责任视角的期货公司风险管理研究[D]. 山西财经大学, 2014.

[14] 徐浩辰. 金融危机下国有产权背景与政府补贴的关系研究[D]. 西南财经大学, 2013.

[15] 纪亚枫. 互联网金融背景下交通银行个人理财业务陕西市场营销策略[D]. 西北大学, 2017.

[16] 杨迪. 大商集团房地产营销战略研究[D]. 吉林大学, 2013.

[17] 李倩倩著. 中国消费者偏好全球趋同程度研究[M]. 复旦大学, 2012.

[18] 衣鹏. 基于"三链"细分的商业银行营销策略研究——以山东省银行业为例[D]. 山东大学, 2012.

[19] 谢结云. 中国农业银行G分行对中小企业金融服务营销策略研究[D]. 西南

交通大学，2015.

[20] 张莹莹. 合肥市某商业银行私人银行业务营销策略改进研究 [D]. 安徽大学，2016.

[21] 王勇. 肥西农村商业银行服务营销策略研究 [D]. 安徽大学，2014.

[22] 樊晓鑫. 体验营销在商业网球俱乐部实证研究 [D]. 北京体育大学，2013.

[23] 吴江涛. 商业银行小微企业金融服务研究 [D]. 江西财经大学，2012.

[24] 彼得·德鲁克. 管理的实践 [M]. 北京：机械工业出版社，2006.

[25] 张一驰. 人力资源管理教程 [M]. 北京：北京大学出版社，1999.

[26] 徐二明. 人力资源开发与管理 [M]. 北京：中国人民大学出版社，1998.

[27] 赵曙明. 中国企业人力资源管理 [M]. 南京：南京大学出版社，1995.

[28] 肖兴政，彭礼坤. 人力资本论 [M]. 成都：西南交通大学出版社，2006.

[29] 冯英键. 网络营销基础与实践（第3版）[M]. 北京：清华大学出版社，2007.

[30] 姜旭平. 电子商贸与网络营销 [M]. 北京：清华大学出版社，2000.

[31] 李弘，董大海. 市场营销学 [M]. 大连：大连理工大学出版社，2000.

[32] 汤正如. 市场营销学教学 [M]. 沈阳：辽宁大学出版社，1993.

[33] 晁钢令. 营销战略策划 [M]. 上海：上海财经大学出版社，1998.

[34] 齐文娥，胡在新. 区域市场营销与企业市场营销的关系研究 [J]. 商业研究，2014，33（10）：138-140.

[35] 彭澜. 关于区域市场营销与企业市场营销之间关系的探微 [J]. 中国市场，2014，13（30）：23-24，30.

[36] 宋波. 我国汽车金融信贷风险管理分析 [J]. 管理观察，2018，38（11）：172-173.

[37] 葛彬林. 金融资产管理与资本运作模式研究 [J]. 现代商贸工业，2016，37（23）：120-121.

[38] 王桂琴，曾勇. ING直销银行金融服务营销中的价值主张与价值共同创造研究 [J]. 管理学报，2015，12（5）：765-771.

[39] 邬小燕. 浅议人力资源管理中的道德规范 [J]. 江西电力，2014，38（1）：34-35.

[40] 张景. 信息化建设在金融管理中的应用分析 [J]. 中国管理信息化，2015，7（14）：150-151.

[41] 牛丽颖. 信息技术在金融领域的应用研究 [J]. 天津科技，2015，42（3）：64-65.